I0103299

ÉLÉMENTS

DE

GRAMMAIRE FRANÇAISE

PAR

J. LAGARRIGUE (de Calvi).

INSTITUTEUR, OFFICIER D'ACADÉMIE

Membre de l'Institut historique de France, auteur de plusieurs petits Ouvrages à l'usage des classes élémentaires.

TROISIEME ÉDITION.

PREMIÈRE PARTIE.

PARIS

CHEZ L'AUTEUR, 6, RUE SAINT-GERVAIS (MARAIS).

ET A LA LIBRAIRIE PICARD, rue HAUTEFEUILLE, 5.

1858

OUVRAGES DU MÊME AUTEUR.

LE LIVRET DU JEUNE AGE. 1 vol. in-12.

HISTOIRE SAINTE, deuxième édition, 1 vol. in-12.

HISTOIRE DE FRANCE, deuxième édition, un vol. in-12.

ARITHMÉTIQUE ÉLÉMENTAIRE, un vol. in-18.

SOUS PRESSE.

SYNTAXE DE LA GRAMMAIRE FRANÇAISE, un vol. in-12.

EXERCICES ORTHOGRAPHIQUES, d'après la grammaire complète et tirés de l'histoire générale, un vol.

(C.)

AVERTISSEMENT.

Faire quelque chose d'utile aux enfants qui fréquen·tent nos écoles primaires, telle a été la pensée qui a présidé à l'élaboration de ce livre. Je me suis donc ap·pliqué, avant tout, à le mettre à la portée des intelli·gences les moins développées. J'ai cru devoir l'écrire par demandes et par réponses, non pas que j'ignore tout ce que cette forme a d'embarrassant et d'ingrat pour un auteur, mais parce qu'une longue expérience m'a démontré qu'elle donne aux explications plus de netteté et de précision, et qu'elle aide singulièrement à la mémoire. Or, la mémoire est un instrument précieux dont il ne faut pas négliger de se servir, dans nos pe·tites écoles; seulement nous devons le faire avec me·sure et seconder ses efforts en parlant à l'esprit. Dans ce but, j'ai emprunté à l'histoire la plupart des exem·ples qui viennent à l'appui des explications que je don·ne. Ces exemples et les règles dont ils sont l'application se graveront dans la mémoire d'une façon plus durable.

Les écoles primaires admettent des élèves dont l'â·ge, l'intelligence et le savoir varient à l'infini. J'ai voulu travailler pour tous.

Mon Traité de grammaire française sera donc divisé en deux parties. La première comprise sous le titre: *Éléments de grammaire française*, et spécialement des·tinée à être apprise par cœur, par les commençants, ren·ferme les définitions et les règles principales des dix parties du discours; *la seconde partie* contient, outre la syntaxe des mots, un traité d'analyse grammaticale et d'analyse logique, un traité des principaux tropes, les règles de la ponctuation, la liste rectifiée des locutions les plus usitées et qui par leur usage même perdent la forme grammaticale et des mots sur lesquels se commettent les barbarismes les plus communs ; enfin une dictée résumant toutes les difficultés grammaticales.

RAPPORT

FAIT A L'INSTITUT HISTORIQUE DE FRANCE,

Sur la première édition de l'Abrégé de Grammaire,
par J. LAGARRIGUE.

———

Rien ne s'apprend si facilement qu'une langue que l'on parle ; mais aussi rien n'est si difficile que de se rendre rationnellement compte de ce que l'on a appris sans études, sans réflexion, et, pour ainsi dire, sans y songer. Or, si les hommes d'un âge mûr éprouvent tant d'obstacles dans ce travail de réflexion, auquel participent également l'analyse et la synthèse, combien plus en doivent rencontrer de jeunes enfants en qui les facultés intellectuelles se trouvent encore, pour la plupart, assoupies, et qui ne sont en pleine possession que de leur mémoire ? Telle est la réflexion qui se présente tout d'abord à quiconque entreprend un ouvrage élémentaire dans un but purement grammatical. M. Lagarrigue, homme de pratique et d'expérience, s'est préoccupé de ces obstacles, et on s'en aperçoit facilement à la lecture de son livre. Pour lui, qui passe sa vie au milieu des jeunes enfants, et dont les soins assidus, en quelque façon paternels, s'appliquent à dégrossir leurs intelligences, rudes encore, il était d'une impérieuse nécessité de prendre la route la plus courte et la plus aisée pour arriver au terme que se propose sa douce et tendre sollicitude : c'est ce qu'il a fait avec un tact merveilleux, et une admirable proportion entre les moyens et le but dans l'ouvrage dont nous nous occupons. Là, point de vain charlatanisme, nulle frivole ostentation d'une science inintelligible pour ceux auxquels on s'adresse, mais un style simple, plein de netteté et de correction, où l'exemple vient toujours jeter une vive lumière sur le précepte qui l'accompagne. Là ne se rencontre ni l'orgueil du pédantisme, ni l'ambition des formules abstraites, mais le langage doucement naturel de la mère conversant avec son enfant, les connaissances profondément positives que donne une longue habitude de l'enseignement jointe à un rare talent d'observation. C'est cette observation qui a déterminé M. Lagarrigue à introduire dans ses ouvrages élémentaires la forme du dialogue. Un homme aussi versé dans la pédagogie n'a pu s'empêcher de remarquer que la science des enfants dépend beaucoup moins d'eux-mêmes que de la personne qui les interroge ; de là les questions dont il fait précéder chacune de ses règles, de ses préceptes. C'est un grand avantage pour les enfants, un secours immense pour les maîtres, un service éminent rendu à l'enseignement élémentaire de notre langue, et nous avons l'honneur de proposer à la classe d'adresser à M. Lagarrigue de sincères félicitations pour le succès avec lequel il a réalisé sa pensée.

ALPH. FRESSE-MONTVAL,
Membre de la troisième classe de l'Institut historique.

ABRÉGÉ

DE

GRAMMAIRE FRANÇAISE.

INTRODUCTION.

D. Qu'est-ce que la grammaire française?

R. C'est l'ensemble des règles à observer pour parler et pour écrire correctement en français.

D. Qu'emploie-t-on pour parler et pour écrire?

R. On emploie des mots (les mots sont les signes de nos idées).

D. Combien y a-t-il de sortes de lettres?

R. Il y a deux sortes de lettres, les voyelles et les consonnes.

D. Qu'appelle-t-on voyelles?

R. On appelle ainsi, *o, e, i, o, u,* et *y.*

D. Pourquoi les appelle-t-on voyelles?

R. Parce que, seules, elles forment une voix, un son.

D. Qu'est-ce qu'on appelle consonnes?

R. On appelle ainsi, *b, c, d, f, g, h, j, k, l, m, n, p, q, r, s, t, v, x, z.*

D. Pourquoi les nomme-t-on consonnes?

R. Parce qu'elles ne forment un son, une voix, qu'avec le secours des voyelles, comme *ba, be, bi, bo, bu, pa, pe, pi, po, pu.*

D. Y a-t-il plusieurs sortes d'*e*?

R. Il y en a de trois sortes: l'*e* muet, l'*é* fermé et l'*è* ouvert.

D. Quel est l'*e* que l'on appelle muet?

R. Celui dont le son est sourd et peu sensible, comme dans ces mots: *homme, monde, humble, fable,* etc.

D. Quel est l'*é* que l'on appelle fermé?

R. Celui qui se prononce la bouche presque fermée, comme dans ces mots : *aménité, bonté, vérité, humanité,* etc.

D. Quel est celui qu'on appelle ouvert?

R. L'*è* qui se prononce la bouche presque ouverte et les dents desserrées, comme dans ces mots: *exprès, procès, succès.*

D. Que remarque-t-on sur l'*y* grec?

R. Qu'il se prononce tantôt pour un *i*, tantôt pour deux *ii*: pour un *i*, au commencement et à la fin d'un mot, et entre deux consonnes, comme dans ces mots : *yatcht, dey, style,* etc.; pour deux *ii*, entre deux voyelles, comme dans ces mots: *moyen, joyeux,* etc., et quelquefois après une voyelle, comme dans *pays.*

D. Que remarque-t-on sur la lettre *h?*

R. Que cette lettre est tantôt muette et tantôt aspirée.

D. Quelle différence met-on entre l'*h* muet et l'*h* aspiré?

R. C'est que l'*h* muet n'ajoute rien à la prononciation, tandis que l'*h* aspiré oblige à prononcer du gosier la voyelle qui suit, et empêche toute liaison avec le mot suivant : le *hameau,* le *héros* ; au pluriel: les *hameaux,* les *héros.*

D. Combien distingue-t-on de sortes de voyelles ?

R. On en distingue de deux sortes, les voyelles *longues* et les voyelles *brèves.*

D. Quelle différence établit-on entre les voyelles longues et les voyelles brèves?

R. C'est que les voyelles longues exigent qu'on appuie sur elles pour les prononcer, comme dans *pâte* (pour faire du pain), *tête,* *épître,* la *nôtre,* le *vôtre,* *flûte,* etc., tandis que les voyelles brèves exigent une prononciation rapide, comme dans ces mots : *patte* d'oiseau, *trompette,* *guérite,* *dévote,* *culbute,* etc.

D. Qu'emploie-t-on pour marquer les différentes sortes d'*e* et les voyelles longues?

R. On emploie trois petits signes, appelés *accents* : l'accent aigu (') qui se place sur la plupart des *é* fermés, comme *bonté* ; l'accent grave (`), qui se met sur la plupart des *è* ouverts, *accès* ; et l'accent circonflexe (ˆ), qui se met sur la plupart des voyelles longues, *apôtre*, etc.

D. Pour s'exprimer en français, combien emploie-t-on de sortes de mots ?

R. On en emploie dix, appelés les *dix parties du discours* (1) : le *nom*, l'*article*, l'*adjectif*, le *pronom*, le *verbe*, le *participe*, la *préposition*, l'*adverbe*, la *conjonction* et l'*interjection*.

D. Comment divise-t-on ces dix sortes de mots ?

R. On les divise en mots variables et en mots invariables ?

D. Combien y en a t-il de variables ?

R. Six : le *nom*, l'*article*, l'*adjectif*, le *pronom*, le *verbe* et le *participe*.

D. Et d'invariables ?

R. Quatre : la *préposition*, l'*adverbe*, la *conjonction* et l'*interjection*.

(1) Discours signifie ici l'assemblage de plusieurs mots, formé pour exprimer nos pensées.

CHAPITRE PREMIER.

DU SUBSTANTIF.

D. Quest-ce que le *substantif* ou *nom ?*

R. Le substantif est un mot qui représente un objet quelconque, soit idéal, soit réel.

D. Quelle différence met-on entre un objet réel et un objet idéal?

R. On appelle objet réel ou chose physique celui qui tombe sous nos sens, comme *livre, table, terre,* etc., tandis qu'on appelle objet idéal celui qui n'a d'autre existence que dans notre imagination, comme : *sagesse, beauté, douceur, charité,* etc.

D. Combien distingue-t-on de sortes de substantifs?

R. On en distingue de trois sortes : le substantif *propre,* le substantif *commun,* et le substantif *collectif,* qui est aussi commun.

D. Quelle différence met-on entre le substantif propre et le substantif commun?

R. La différence est que le substantif commun peut s'appliquer également à chacun des objets d'une même espèce, d'une même classe, comme : *homme, femme, table, couleur,* etc., tandis que le substantif propre ne peut désigner qu'un seul et unique objet, comme : *Paris, la France, Bossuet, le Rhône,* etc., d'où il suit qu'on considère comme substantif propre, tout substantif qui représente un être ou un objet seul de son espèce, comme : *Dieu, le soleil, la lune, le paradis, l'univers,* etc.

D. Qu'appelle-t-on substantif collectif?

L. On appelle ainsi le substantif qui, quoique au singulier, présente à l'esprit la réunion de plusieurs objets, comme : *troupe, multitude, peuple, armée.*

D. Comment divise-t-on les substantifs collectifs?

R. On les divise en substantifs collectifs généraux et en substantifs collectifs partitifs.

D. Quelle différence met-on entre un substantif collectif général et un substantif collectif partitif?

R. Cette différence consiste en ce que le substantif collectif général embrasse la généralité des objets, comme dans ces exemples : *La foule des hommes est vouée au malheur ; l'armée des Anglais est battue,* etc., tandis que le collectif partitif n'embrasse qu'une partie des objets, comme dans ces exemples : *Un grand nombre de Russes reçoivent des secours; un petit nombre de savants sont récompensés*, etc.

D. Quelles sont les propriétés du substantif?

R. Ces propriétés sont le genre et le nombre.

D. Qu'entend-on par genre ?

R. On appelle genre la propriété qu'ont les substantifs de représenter la distinction des sexes.

D. Combien compte-t-on de genres ?

R. Deux, le masculin, pour les noms d'êtres mâles, tels sont : *homme, lion,* etc., et le féminin, pour les noms d'êtres femelles, comme *femme, lionne,* etc.

D. N'y a-t-il que les êtres animés qui aient cette propriété?

R. Cela devrait être ainsi ; mais l'usage a assigné des genres aux êtres inanimés eux-mêmes. C'est ainsi que, par imitation, *soleil, ciel,* ont été faits du genre masculin : et *lune, terre,* du genre féminin, quoique ces substances n'aient nul rapport avec l'un ni avec l'autre sexe.

D. Qu'entend-on par nombre?

R. On appelle nombre la propriété qu'ont les substantifs de représenter l'unité ou la pluralité.

D. Combien y a-t-il de nombres?

R. Il y a deux nombres : le singulier et le pluriel.

D. Quelle différence met-on entre le singulier et le pluriel ?

R. C'est que le singulier ne désigne qu'un seul être ou un seul objet, tandis que le pluriel en désigne plusieurs ; (singulier veut dire seul, un, et pluriel, plusieurs.

D. Comment forme-t-on le pluriel dans les substantifs ?

R. On le forme en ajoutant un *s* à la fin, comme : *le livre, les livres, le pauvre, les pauvres.*

D. Cette règle a t-elle lieu pour tous les substantifs ?

R. Non elle admet beaucoup de variations. 1° Les noms terminés au singulier par *s, z, x,* s'écrivent au pluriel comme au singulier : *le temps, les temps, le nez, les nez, la croix, les croix, le bas, les bas, la voix, les voix, la perdrix, les perdrix;* 2° les noms terminés au singulier par *au, eu, ou,* prennent un *x* au pluriel, comme *le feu, les feux, l'eau, les eaux, l'ormeau, les ormeaux, le jeu, les jeux, le chapeau, les chapeaux, le liteau, les liteaux, le caillou, les cailloux, le chou, les choux, le genou, les genoux,* etc. Il faut excepter : *sou, trou, clou, bleu, verrou,* etc., qui suivent la règle générale, c'est-à-dire qu'ils prennent un *s* au pluriel.

3° Les substantifs masculins terminés au singulier par *al, ail,* font leur pluriel en *aux,* comme *le cheval, les chevaux, le travail, les travaux, le mal, les maux, le soupirail, les soupiraux, l'émail, les émaux, le corail, les coraux*. Il faut remarquer que *travail* prend un *s* au pluriel, selon la règle générale, lorsqu'il s'agit du rapport d'un ministre au roi, ou d'une machine pour ferrer les chevaux fougueux, etc.

Ail fait *aulx ou ails*. Mais *aval, bal, cal, chacal, carnaval, nopal, pal, régal, détail, éventail, portail, gouvernail, camail, épouvantail*, forment leur pluriel régulièrement, en ajoutant un *s*. *Bétail*, n'a pas de pluriel ; on se sert de *bestiaux*.

CHAPITRE II.

DE L'ARTICLE.

D. Qu'est-ce que l'*article ?*

R. L'article est un petit mot que l'on met devant les noms communs pour les faire prendre dans un sens déterminé. Exemple : L'*homme*, le *père*, le *hameau*, etc.

D. Avons-nous plusieurs articles ?

R. Non, nous n'avons qu'un article, *le, la,*

au singulier ; comme *le père, la mère; les* pour le masculin et le féminin, au pluriel, comme *les pères, les mères, les frères, les sœurs,* etc.

D. L'article ne sert-il pas à faire connaître le genre et le nombre ?

R. On reconnaît qu'un substantif est du masculin si on peut mettre *le* devant lui, qu'il est du féminin si on peut mettre *la,* et qu'il est au pluriel si on peut mettre *les.* Exemple : Le *peuple gaulois adopta* la *langue que parlaient* les *Romains. Le* indique que *peuple* est du masculin, *la* que *langue* est du féminin, *les* que le substantif *Romain* est employé au pluriel.

D. S'il arrivait qu'il y eût élision (on appelle élision la suppression d'une voyelle), ou que le substantif fût au pluriel, comment reconnaîtrait-on le genre?

R. On le reconnaîtrait très aisément en mettant dans le premier cas un adjectif entre l'article et le substantif, comme dans ces exemples : *l'homme est mortel, l'âme est immortelle ;* il n'y a qu'à placer un adjectif entre l'article et le substantif, et dire *le bel homme, la belle âme.* Dans le second cas, mettez le substantif au singulier : ainsi pour *les jours, les journées,* dites : *le jour, la journée.*

D. A quelles règles particulières l'article est-il soumis ?

R. A deux règles : la première veut qu'on retranche *e*, *a* devant tout mot qui commence par une voyelle ou un *h* muet. Exemple : *L'autel* pour *le autel*, *l'âme* pour *la âme*, et qu'on mette, à la place de la voyelle supprimée ou élidée, un petit signe appelé apostrophe ('); c'est ce qu'on nomme élision.

D. Qu'exige la deuxième règle?

R. Que pour joindre deux mots ensemble on mette *de* ou *à* entre les deux mots, comme dans ces exemples : *Le livre de Pierre, la table de marbre, la bouteille à l'eau*, etc.

D. Que suit-il de là?

R. Il s'ensuit qu'au lieu de mettre *de le* devant un nom masculin singulier qui commence par une consonne ou un *h* aspiré, on met *du ;* qu'au lieu de *à le*, on met *au*. Exemple : *Le sépulcre du Christ à Jérusalem, tomba au pouvoir des Mahométans en* 638. *Du, au, des* sont ici pour *de le, à le, de les* c'est ce qu'on appelle article contracté (la contraction n'a lieu, devant un nom commençant par une voyelle ou un *h* muet, qu'au pluriel seulement.

CHAPITRE III.

DE L'ADJECTIF.

D. Qu'est-ce que l'*adjectif*?

R. L'adjectif est un mot que l'on ajoute au substantif pour le qualifier ou le déterminer.

D. Comment connaît-on un adjectif?

R. On reconnaît qu'un mot est un adjectif quand on peut y joindre le mot *personne* ou *chose*. Exemple : *Religieux, bon, exact*, sont des adjectifs, attendu qu'on peut dire, *une personne religieuse, une personne bonne, une chose exacte*.

D. Les adjectifs ont-ils les deux genres?

R. Oui, ils ont les deux genres, masculin et féminin, et cette différence se marque en général par la dernière lettre.

D. Comment forme-t-on le féminin dans les adjectifs français?

R. En ajoutant un *e* muet quand l'adjectif ne finit point par un *e* muet, comme dans *prudent, savant, charmant, criard, bavard, supérieur*, etc., qui font au féminin, *prudente, savante, charmante, criarde, bavarde, supérieure,* etc.; mais tout adjectif qui finit par un *e* muet ne change point; il s'écrit toujours de même au masculin et au féminin, tels sont : *charitable, aimable, respectable, utile,* etc.

D. N'y a-t-il point des exceptions ?

R. Sont exceptés : 1° les adjectifs *cruel, pareil, fol, mol, ancien, bon, gras gros, nul, net, sot, épais, païen, chrétien, comédien, citoyen, chat,* qui doublent au féminin leur dernière consonne avec l'*e* muet, *cruelle, pareille, folle, molle, ancienne, bonne, grasse, grosse, nulle, nette, sotte, épaisse, païenne, chrétienne, comédienne, citoyenne, chatte;* 2° d'autres changent simplement en *è* ouvert l'*e* muet qui précède la consonne finale, comme *complet, inquiet, concret, discret, secret, replet,* qui font au féminin, *complète inquiète,* etc. ; d'autres ajoutent au masculin *nesse,* ainsi *larron* fait *larronnesse* : les adjectifs *beau, nouveau, fou, mou, vieux,* font au féminin, *belle, nouvelle, folle, molle, vieille,* attendu qu'au masculin on met *bel, nouvel, fol, mol, vieil,* devant une voyelle ou un *h* muet. Exemple : *Bel oiseau, bel homme, nouvel appartement, nouvel ami, fol amour, mol édredon, vieil habit ;* 3° les adjectifs *blanc, franc, sec, frais, public, caduc, grec, turc,* qui font au féminin *blanche, franche, sèche, fraîche, publique, caduque, grecque, turque,* etc. ; 4° les adjectifs terminés en *f,* comme *bref naïf,* etc., qui font au féminin *brève,*

naïve ; f se change en *v* (sans exception) ; 5° *long*
fait au féminin *longue ;* 6° *malin, bénin, devin,* etc.;
font au féminin *maligne, bénigne, devineresse ;* 7°
les adjectifs en *eur,* qui font leur féminin en
euse. Exemple : *Trompeur, parleur, causeur, ache-
teur, brocanteur, colporteur, chanteur,* qui font
au féminin *trompeuse, parleuse, causeuse, acheteuse,
brocanteuse, colporteuse, chanteuse(cantatrice* quand
il s'agit d'une personne qui chante dans des con-
certs ou au théâtre). On excepte de cette règle :
1° *enchanteur* qui fait au féminin *enchanteresse,
bailleur, bailleresse, défendeur, défenderesse, deman-
deur, demanderesse, chasseur chasseresse* (celui-ci
n'a lieu qu'en poésie), *vengeur, vengeresse ;* 2° *ac-
teur, protecteur, accusateur, adulateur, bienfaiteur,
administrateur, inspecteur, instituteur, créateur,
dessinateur, spectateur, testateur, exécuteur, persécu-
teur, inventeur,* qui font au féminin *actrice, pro-
tectrice, accusatrice, adulatrice, bienfaitrice, admi-
nistratrice, inspectrice, institutrice.*

8° Les adjectifs terminés en *x* changent l'*x* en
se. Exemples: *Dangereux, peureux, rocailleux, hon-
teux, creux, jaloux,* font au féminin *dangereuse,
peureuse, rocailleuse, honteuse, creuse, jalouse.* Sont
exceptés de cette règle : *roux, doux, faux, préfix,*
qui font au féminin, *rousse, douce, fausse, préfixe.*
Il y a des substantifs pris adjectivement dont la
formation féminine est fort irrégulière , tels
sont : *abbé, abbesse, diable, diablesse, hôte, hôtesse,*

dieu, déesse, prince, princesse, prophète, prophétesse, loup, louve, serviteur, servante, neveu, ni ce, héros, héroïne, traître, traîtresse, etc.

D. Que remarque-t-on sur les adjectifs en *eur* comme *auteur, vainqueur, littérateur, compositeur,* etc.

R. Que ces adjectifs ne changent point de genre, attendu qu'on parle d'une profession exercée par des hommes. Exemples : *Cette femme est un excellent auteur, vainqueur, littérateur,* etc.

D. Comment forme-t-on le pluriel des adjectifs français ?

R. En ajoutant, comme dans les noms, un *s* à la fin. Exemple : *Le père excellent, la mère pieuse ;* au pluriel, *les pères excellents, les mères pieuses.*

D. Est-ce sans exception ?

R. Non, cette règle admet les mêmes exceptions que pour le nom ; seulement il est à remarquer que la plupart des adjectifs terminés en *al* n'accompagnent jamais que des substantifs féminins, et que, pour cette raison, ils n'ont pas de pluriel masculin, tels sont : *pastoral, mental, vocal, virginal, patronal, bénéficial, canonial, diagonal, diamétral, expérimental, zodiacal,* etc.

D. Combien distingue-t-on de sortes d'adjectifs ?

R. On en distingue de deux sortes : les *adjectifs qualificatifs* et les *adjectifs déterminatifs*.

D. Quelle différence met-on entre l'adjectif qualificatif et l'adjectif déterminatif?

R. La différence consiste en ce que l'adjectif qualificatif marque la qualité du substantif, comme *habit bon, joli, frais,* etc.: tandis que l'adjectif déterminatif marque la manière d'être du substantif, soit par une idée de démonstration, soit par une idée de possession; tels sont : *mon habit, cet habit, le premier habit,* etc.

D. Combien distingue-t-on de sortes d'adjectifs déterminatifs ?

R. Quatre : les adjectifs *possessifs, démonstratifs, numéraux* et *indéfinis.*

D. Comment les adjectifs de nombre déterminent-ils les substantifs ?

R. En y ajoutant une idée de nombre ou d'ordre.

D. Y a-t-il plusieurs sortes d'adjectifs de nombre ?

R. Il y en a de deux espèces : les adjectifs de nombre *cardinal,* qui expriment le nombre, comme *un, vingt, quarante,* etc., et les adjectifs de nombre *ordinal,* qui marquent le rang, l'ordre, comme *premier, vingtième,* etc.

D. Qu'appelle-t-on adjectif démonstratif?

R. On appelle ainsi tout adjectif qui détermine le substantif en y ajoutant une idée d'indication; tels sont : *ce, cet, celle, celui-ci,* etc.

D. *Ce* et *cet* s'emploient-ils indifféremment?

R. Non, *ce* se met devant un nom commençant par une consonne ou un *h* aspiré, comme *ce village, ce héros, ce hameau;* tandis que *cet* se met devant une voyelle ou un *h* muet, comme *cet oiseau, cet hôtel,* etc.

D. Qu'appelle-t-on adjectif possessif?

R. On appelle ainsi tout adjectif qui détermine le substantif en y ajoutant une idée de possession; tels sont : pour le masculin, *mon, ton, son, notre, votre, leur;* et pour le féminin, *ma, ta, sa, notre, votre, leur;* et *mes, tes, ses, nos, vos, leurs;* pour les deux genres au pluriel.

D. Que remarque-t-on sur *mon, ton, son?*

R. Qu'ils s'emploient au féminin devant un substantif qui commence par une voyelle ou un *h* muet. Exemple : *Mon âme, mon épée, ton amie, ton habitude, son aridité, son humeur,* etc., pour *ma âme,* etc.

D. Qu'appelle t-on adjectif indéfini?

R. Les adjectifs qui déterminent le substantif en y ajoutant une idée de généralité, comme: *chaque, nul, aucun, même, tout, quelque, plusieurs, tel, quel, quelconque,* etc.

D. Les adjectifs qualificatifs expriment-ils toujours la qualité du substantif au même degré?

R. Non; il y en a qui l'expriment simplement, d'autres avec comparaison, et d'autres l'expriment à un très-haut degré, ou au plus haut degré; de là trois degrés de signification: le *positif*, le *comparatif* et le *superlatif*.

D. Qu'est-ce que le positif?

R. Le positif n'est autre chose que l'adjectif même, comme : *grand, charitable, bon,* etc.

D. Qu'est-ce que le comparatif?

R. C'est l'adjectif avec comparaison. Ainsi quand on compare deux choses, on trouve que l'une est, ou supérieure à l'autre, ou inférieure à l'autre, ou égale à l'autre.

D. Que s'ensuit-il?

R. Qu'il y a trois sortes de comparatifs : celui de *supériorité,* celui d'*infériorité,* et celui d'*égalité.*

D. Pour former un comparatif de supériorité, que fait-on?

R. On met *plus* devant l'adjectif, comme : *la table est plus solide que belle.*

D. Et pour former un comparatif d'infériorité?

R. On met *moins* devant l'adjectif, comme : *la science est moins utile que la vertu.*

D. Comment enfin forme-t-on un comparatif d'égalité?

R. En mettant *aussi* devant l'adjectif, comme : *la vertu est aussi utile que la science.*

D. De quel usage est le mot *que ?*

R. Ce mot sert à joindre les deux choses que l'on compare.

D. N'avons-nous pas encore quelques adjectifs qui expriment seuls une comparaison ?

R. Nous en avons trois : *meilleur,* au lieu de de *plus bon,* qui n'est pas français ; *moindre,* au lieu de *plus petit,* qui peut se dire ; et *pire,* au lieu de *plus mauvais,* qui se dit également.

D. Comment connaît-on que l'adjectif est au superlatif ?

R. On le reconnaît quand l'adjectif est précédé d'un des adverbes *très, fort, bien, extrêmement, le plus, le moins, son plus, mon plus,* etc.

D. Y a-t-il donc plus d'une espèce de superlatif ?

R. Il y en a *de* deux sortes : le superlatif *absolu* et le superlatif *relatif ?*

D. A quel signe distingue-t-on le superlatif absolu *du* superlatif relatif ?

R. On les distingue l'un de l'autre, en ce que le surperlatif absolu est toujours précédé de ces mots, *très, fort, bien, parfaitement, extrêmement,* tandis que le superlatif relatif est précédé de *le plus, le moins, mon plus, ton plus, son plus.* Exemples du premier cas : *Vous êtes très habile, fort aimable,*

2

*bien sage, parfaitement instruit, extrêmement stu-
dieux,* etc. Exemples du deuxième cas : *Paul est
mon meilleur ami, vous êtes le plus savant des hommes, il est mon plus précieux trésor,* etc.

CHAPITRE IV.

DU PRONOM.

D. Qu'est-ce que le *pronom*?

R. Le pronom est un mot qu'on met à la place
du substantif pour en rappeler l'idée, et pour
en épargner la répétition. Exemple : *Paul est in-
nocent, il court, il mange,* etc., et non *Paul est in-
nocent, Paul court, Paul mange,* etc.

D. Distingue-t-on plusieurs sortes de pronoms?

R. Oui ; on en distingue de six sortes, savoir :
les pronoms *personnels,* les pronoms *démonstratifs,* les pronoms *possessifs,* les pronoms *relatifs,*
les pronoms *interrogatifs,* et les pronoms *indéfinis,*

D. Qu'appelle-t-on pronoms personnels?

R. Ceux qui désignent les personnes, comme :
je, tu, il, pour le singulier ; *nous, vous, ils,* pour
le pluriel.

D. Combien y a-t-il de personnes?

R. Il y a trois personnes.

D. Quelles sont-elles?

R. La première est celle qui parle, la deuxième est celle à qui l'on parle, et la troisième est celle de qui l'on parle.

D. Quels sont les pronoms qui désignent la première personne?

R. Ces pronoms sont : *je, me, moi.* pour le singulier, et *nous* pour le pluriel.

D. Quels sont les pronoms qui désignent la deuxième personne?

R. Ces pronoms sont *tu, te, toi,* pour le singulier, et *vous* pour le pluriel.

D. Quels pronoms emploie-t-on pour la troisième personne?

R. Ces pronoms sont pour le masculin, *il* au singulier, et *ils* au pluriel; *elle* pour le féminin singulier et *elles* pour le pluriel; *lui, leur, eux, le, la, les, se, soi, en, y,* etc.

D. Comment distingue-t-on *le, la, les* pronoms de *le, la. les* article?

R. *Le,* pronom personnel, accompagne toujours un verbe, tandis que *le,* article, précède ordinairement un substantif. Exemple · *Napoléon bloqua la ville, car il estimait qu'il fallait la réduire à tout prix:*

D. Qu'est-ce le pronom réfléchi?

R. C'est celui qui marque le rapport d'une personne à elle-même, comme : *se, soi.*

D. Qu'entend-on par pronom démonstratif?

R. On appelle ainsi le pronom qui rappelle l'idée du substantif, en y ajoutant une idée d'indication, de démonstration ; tels sont : *ce, celui, celle, celle-ci, celle-là,* pour le singulier ; *ceux, celles, celles-ci, celles-là.*

D. Le mot *ce* est-il toujours pronom démonstratif?

R. Non; il est tantôt adjectif et tantôt pronom.

D. Quand le mot *ce* est-il pronom, et quand est-il adjectif?

R. Il est pronom, quand il est joint à un verbe ou qu'il est suivi d'un des pronoms *que, quoi, dont ;* et adjectif, quand il est joint à un substantif, comme : *ce livre,* etc.

D. Qu'appelle-t-on pronom possessif?

R. On appelle ainsi le pronom qui rappelle le substantif, en y ajoutant une idée de possession ; tels sont : *le mien, le tien, le sien, le nôtre, le vôtre, le leur,* pour le masculin singulier ; *la mienne, la tienne, la sienne, la nôtre, la vôtre, la leur,* pour le féminin singulier ; *les miens, les tiens, les siens, les nôtres, les vôtres, les leurs,* pour le masculin pluriel ; *les miennes, les tiennes, les siennes,* pour le féminin pluriel.

D. Qu'est-ce que le pronom relatif?

R. Le pronom relatif est celui qui a rapport à un nom ou à un autre pronom qui est devant et qu'on appelle pour cela antécédent ; tels sont : *qui, que, quoi, dont, laquelle, lesquels, lesquelles,* etc. Exemples : *L'homme que j'ai aperçu ; c'est moi qui vous ai appris cela,* etc.

D. Qu'est-ce que le pronom interrogatif ?

R. On appelle ainsi le pronom qui n'a point d'antécédent et qu'on peut tourner par quelle personne ou quelle chose, tels sont : *qui ? que ? quel ? quels ?* Exemples : *Qui êtes-vous ?* c'est-à-dire, quelle personne êtes-vous ? *que dites-vous ?* c'est-à-dire, quelle chose dites-vous ?

D. Qu'appelle-t-on pronoms indéfinis ?

R. Ceux qui désignent les personnes ou les choses d'une manière vague et indéterminée ; tels sont : *on, quiconque, quelqu'un, chacun, autrui, l'autre, l'un et l'autre, personne, rien,* etc. Exemples : *On vous appelle ; quiconque passe ici doit payer,* etc.

CHAPITRE V.

DU VERBE.

D. Qu'est-ce que le verbe ?

R. Le verbe est un mot qui sert à exprimer

que l'on est ou que l'on fait quelque chose ; tels sont : *lire, boire, manger, dormir, être*, etc. Il n'y a, à proprement parler, qu'un verbe, qui est le verbe *être*. Sous sa forme simple, on l'appelle verbe substantif (1), et sous sa forme composée (2) on l'appelle verbe adjectif.

D. Comment connaît-on un verbe en français ?

R. On connaît un verbe en français quand on peut y joindre ces prénoms : *je, tu, il, nous, vous, ils*, ou simplement en joignant à ce mot, *ne pas* ou *ne point*, comme : *je lis, tu manges, il boit, nous dormons, vous sautez, ils chassent*, ou, *cet homme ne travaille pas*, etc.

D. Combien y a-t-il de nombres dans le verbe ?

R. Il y a deux nombres, le singulier quand on parle d'une seule personne, comme : *je lis, l'enfant dort ;* et le pluriel, quand on parle de plusieurs personnes, comme : *nous lisons, les enfants jouent.* (On appelle nombre ce qui indique l'unité ou la pluralité).

D. Combien y a-t-il de temps ?

R. Il y a trois temps : le *présent*, qui marque

---

(1) Parce qu'alors il subsiste par lui-même.

(2) C'est-à-dire réunissant le verbe *être* et une qualité qui a rapport à une action ou à un état. Pour l'action, comme *j'étudie, je cours, je travaille*; pour *je suis Étudiant, je suis courant, je suis travaillant*. Pour l'état, comme : *Je dors, je languis*, pour *je suis dormant*, etc.

que l'action est ou se fait actuellement, comme : *je marche* ; le *passé* ou *prétérit*, qui marque que l'action a été faite, comme : *j'ai lu, j'ai fini* ; et le *futur*, qui marque que l'action sera ou se fera, comme : *je lirai*. (On appelle temps les différentes formes que prend le verbe pour indiquer que l'action qu'il exprime est, a été, ou sera.)

D. Comment divise-t-on les temps du verbe ?

R. On les divise en temps simples et en temps composés.

D. Qu'entend-on par temps simples ?

R. On appelle ainsi tous les temps d'un verbe qui n'empruntent pas un des temps du verbe auxiliaire *avoir* ou du verbe auxiliaire *être*, comme : *je chante, tu chantais*, etc.

D. Qu'appelle-t-on temps composés ?

R. Ceux qui se conjuguent avec le secours du verbe *avoir* ou du verbe *être*. Exemples : *j'ai travaillé, j'avais lu, j'eus écrit*, etc. On doit observer que le verbe *avoir* s'emploie dans les temps composés : 1° des verbes actifs, *j'ai aimé, j'ai lu* ; 2° de la plupart des verbes neutres, comme *j'ai couru, j'ai nui* ; 3° de certains verbes impersonnels, *il a neigé, il a plu*, etc.

Le verbe auxiliaire *être* s'emploie 1° pour former tous les temps des verbes passifs, *je suis aimé, j'ai été reçu* ; 2° dans les temps com-

posés du plus grand nombre des verbes uniper-
sonnels, *il est résulté, il était survenu* ; et de certains verbes neutres, où l'usage n'admet pas
l'auxiliaire *avoir, je suis venu, il est parti* ; 3° dans
les temps composés de tous les verbes pronominaux, *je me suis assis, nous nous sommes
embarqués*, etc. (Dans ces verbes, le verbe *être*
est mis pour *avoir*.)

D. Qu'appelle-t-on *sujet* d'un verbe ?

R. On appelle ainsi la personne ou la chose
qui est ou qui fait l'action marquée par le
verbe.

D. Comment connaît-on le *sujet* d'un verbe ?

R. On appelle ainsi la personne ou la chose
qui est ou qui fait l'action marquée par le
verbe.

D. Comment connaît-on le *sujet* d'un verbe *?*

R. On le connaît en faisant avant le verbe la
question : *Qui est-ce qui ?* La réponse indique
le sujet : *Paul aime le travail.* Qui est-ce qui aime
le travail *? Réponse :* Paul. *Paul* est donc le *sujet*
du verbe *aime*.

D. Qu'appelle-t-on *régime ?*

R. On appelle *régime* le mot qui dépend immédiatement d'un autre mot, et qui sert à en
compléter la signification.

D. Qu'entend-on par *régime* d'un verbe.

R. On appelle ainsi la personne ou la chose

qui reçoit directement ou indirectement l'action exprimée par le verbe. De là deux sortes de régimes, le *direct* et *l'indirect* ?

D. Quelle différence met-on entre le *régime direct* et le *régime indirect* ?

R. La différence est que le *régime direct* complète la signification du verbe sans le secours d'un autre mot, tandis que le *régime indirect* ne la complète qu'à l'aide d'une préposition.

D. Comment connaît-on le *régime direct* du verbe ?

R. En faisant avant le verbe la question *qu'est-ce que* ? Exemple : *J'évite le mal.* Qu'est-ce que j'évite ? *Réponse* : Le mal. *Mal* est donc le *régime direct* du verbe *évite*.

D. Comment connaît-on le *régime indirect* ?

R. En faisant après le verbe, une des questions : *A qui, de qui, par qui,* etc., pour les personnes ; *à quoi. de quoi, par quoi, d'où, où,* pour les choses. Le mot de la phrase qui répond à l'une de ces questions est le *régime indirect* du verbe. Exemple : *J'écris une lettre à mon ami.* J'écris à qui ? *Réponse* : A mon ami. Donc, *à mon ami* est le *régime indirect* du verbe *écrire*.

D. Distingue-t-on plusieurs sortes de *passés* ou *prétérits* ?

R. On en distingue plusieurs, savoir : Un imparfait, *je lisais* ; trois parfaits, *je lus, j'ai lu, j'eus lu*, et un plus-que-parfait, *j'avais lu*.

D. Distingue-t-on aussi plusieurs *futurs* ?

R. On en distingue deux : le futur simple, *je lirai*, et le futur passé, *j'aurai lu*.

D. Qu'entend-on par *mode* d'un verbe ?

R. On appelle ainsi les différentes manières d'exprimer l'état ou l'action.

D. Combien y a-t-il de *modes* ou manières de signifier dans les verbes français ?

R. Il y en a cinq, savoir : 1° l'*indicatif*, quand on affirme qu'une chose est, ou qu'elle a été, ou qu'elle sera ; 2° le *conditionnel*, quand on dit qu'une chose serait ou qu'elle aurait été, moyennant une condition ; 3° l'*impératif*, quand on commande de la faire ; 4° le *subjonctif*, quand on souhaite ou qu'on doute qu'elle se fasse ; 5° l'*infinitif*, qui exprime l'action ou l'état en général, sans nombre ni personne : *boire, rire, être*, etc. (**1**).

D. Qu'entend-on par *conjuguer* ?

R. C'est réciter ou écrire le verbe avec tous ses temps, ses modes, ses nombres et ses personnes.

D. Combien y a-t-il en français de *conjugaisons*

---

(1) Le mode infinitif est toujours précédé d'un verbe autre que le verbe *être* ou *avoir*, comme : *Je dois écrire, je vais me promener*, à moins qu'il ne soit pris substantivement. Exemple : *Travailler est un besoin pour moi.*

différentes ? (le mot conjuguer signifie classer.)

R. Il y en a quatre que l'on distingue par la terminaison de l'infinitif.

D. Quelle est leur *terminaison ?*

R. La première a l'infinitif terminé en *er*, comme *aimer*.

La deuxième a l'infinitif terminé en *ir*. comme *finir*.

La troisième a l'infinitif terminé en *oir*, comme *recevoir*.

La quatrième a l'infinitif terminé en *re*, comme *rendre*.

MODÈLE

DES DIVERSES CONJUGAISONS.

PRÉCÉDÉ

DES VERBES AUXILIAIRES *AVOIR* ET *ÊTRE*,

VERBE AUXILIAIRE *AVOIR*

INDICATIF.

PRÉSENT.

J'ai.
Tu as.
Il *ou* elle a.
Nous avons.
Vous avez.
Ils *ou* elles ont.

IMPARFAIT.

J'avais.
Tu avais.
Il *ou* elle avait.
Nous avions.
Vous aviez.
Ils *ou* elles avaient.

PRÉTÉRIT DÉFINI.

J'eus.
Tu eus.
Il *ou* elle eut.
Nous eûmes.
Vous eûtes.
Ils *ou* elles eurent.

PRÉTÉRIT INDÉFINI.

J'ai eu.
Tu as eu.
Il *ou* elle a eu.
Nous avons eu.
Vous avez eu.
Ils *ou* elles ont eu.

PRÉTÉRIT ANTÉRIEUR.

J'eus eu.
Tu eus eu.
Il *ou* elle eut eu.
Nous eûmes eu.
Vous eûtes eu.
Ils *ou* elles eurent eu.

PLUS-QUE-PARFAIT.

J'avais eu.
Tu avais eu.
Il *ou* elle avait eu.
Nous avions eu.
Vous aviez eu.
Ils *ou* elles avaient eu.

FUTUR.

J'aurai.
Tu auras.
Il *ou* elle aura.
Nous aurons.
Vous aurez.
Ils *ou* elles auront.

FUTUR PASSÉ.

J'aurai eu.
Tu auras eu.
Il *ou* elle aura eu.
Nous aurons eu.
Vous aurez eu.
Ils *ou* elles auront eu.

CONDITIONNEL.
PRÉSENT.

J'aurais.
Tu aurais.
Il *ou* elle aurait.
Nous aurions.
Vous auriez.
Ils *ou* elles auraient.

PASSÉ.

J'aurais eu.
Tu aurais eu.
Il *ou* elle aurait eu.

Nous aurions eu.
Vous auriez eu.
Ils *ou* elles auraient eu.

On dit aussi : J'eusse eu, tu eusses eu. il *ou* elle eût eu, nous eussions eu, vous eussiez eu, ils *ou* elles eussent eu.

IMPERATIF.

Point de première personne.
Aie.
Qu'il ait.
Ayons.
Ayez.
Qu'ils aient.

SUBJONCTIF.
PRÉSENT *ou* FUTUR.

Que j'aie.
Que tu aies.
Qu'il *ou* qu'elle ait.
Que nous ayons.
Que vous ayez.
Qu'ils *ou* qu'elles aient.

IMPARFAIT.

Que j'eusse.
Que tu eusses.
Qu'ils *ou* qu'elles eussent.

PRÉTÉRIT.

Que j'aie eu.
Que tu aies eu.
Qu'il *ou* qu'elle ait eu.
Que nous ayons eu.
Que vous ayez eu.
Qu'ils *ou* qu'elles aient eu.

PLUS-QUE-PARFAIT.

Que j'eusse eu.
Que tu eusses eu.
Qu'il *ou* qu'elle ait eu.

Que nous eussions eu.
Que vous eussiez eu.
Qu'ils *ou* qu'elles eussent eu.

INFINITIF.

PRÉSENT.

Avoir.

PASSÉ.

Avoir eu.

PARTICIPE.

PRÉSENT.

Ayant.

PASSÉ.

Eu, eue, ayant eu.

FUTUR

Devant avoir.

VERBE AUXILIAIRE *ÊTRE.*

INDICATIF.

PRÉSENT.

Je suis.
Tu es.
Il *ou* elle est.
Nous sommes.
Vous êtes.
Ils *ou* elles sont.

IMPARFAIT.

J'étais.
Tu étais.
Il *ou* elle était.
Nous étions.
Vous étiez.
Ils *ou* elles étaient.

PRÉTÉRIT DÉFINI.

Je fus.
Tu fus.
Il *ou* elle fut.
Nous fûmes,
Vous fûtes.
Ils *ou* elles furent.

PRÉTÉRIT INDÉFINI.

J'ai été.
Tu as été.

Il *ou* elle a été.
Nous avons été.
Vous avez été.
Ils *ou* elles ont été.

PRÉTÉRIT ANTÉRIEUR.

J'eus été.
Tu eus été.
Il *ou* elle eut été.
Nous eûmes été.
Vous eûtes été.
Ils *ou* elles eurent été.

PLUS-QUE-PARFAIT.

J'avais été.
Tu avais été.
Il avait été.
Nous avions été.
Vous aviez été.
Ils *ou* elles avaient été.

FUTUR.

Je serai.
Tu seras.
Il *ou* elle sera.
Nous serons.
Vous serez.
Ils *ou* elles seront.

FUTUR PASSÉ.

J'aurai été.
Tu auras été.
Il *ou* elle aura été.
Nous aurons été.
Vous aurez été.
Ils *ou* elles auront été.

CONDITIONNEL.

PRÉSENT.

Je serais.
Tu serais.
Il *ou* elle serait.
Nous serions.
Vous seriez.
Ils *ou* elles seraient.

PASSÉ.

J'aurais été.
Tu aurais été.
Il *ou* elle aurait été.
Nous aurions été.
Vous auriez été.
Ils *ou* auraient été.

On dit aussi : J'eusse été, tu
eusses été, il *ou* elle eût été,
nous eussions été, vous eussiez été, ils *ou* elles eussent
été.

IMPÉRATIF.

Point de première personne.
Sois.
Qu'il soit.
Soyons.
Soyez.
Qu'ils soient.

SUBJONCTIF.

PRÉSENT *ou* FUTUR.

Que je sois.
Que tu sois.
Qu'il *ou* qu'elle soit.

Que nous soyons.
Que vous soyez.
Qu'ils *ou* qu'elles soient.

IMPARFAIT.

Que je fusse.
Que tu fusses.
Qu'il *ou* qu'elle fût.
Que nous fussions.
Que vous fussiez.
Qu'ils fussent.

PRÉTÉRIT.

Que j'aie été.
Que tu aies été.
Qu'il *ou* qu'elle ait été.

PLUS-QUE-PARFAIT.

Que j'eusse été.
Que tu eusses été.
Qu'il *ou* qu'elle eût été.
Que nous eussions été.
Que vous eussiez été.
Qu'ils *ou* qu'elles eussent été.

INFINITIF.

PRÉSENT.

Être.

PASSÉ.

Avoir été.

PARTICIPE.

PRÉSENT.

Etant.

PASSÉ.

Eté, ayant été.

FUTUR.

Devant être.

VERBES RÉGULIERS.

PREMIÈRE CONJUGAISON EN *ER*.

INDICATIF.

PRÉSENT.

J'aime.
Tu aimes.
Il *ou* elle aime.
Nous aimons.
Vous aimez.
Ils *ou* elles aiment.

IMPARFAIT.

J'aimais.
Tu aimais.
Il aimait.
Nous aimions.
Vous aimiez.
Ils aimèrent.

PRÉTÉRIT DÉFINI.

J'aimai.
Tu aimas.
Il aima.
Nous aimâmes.
Vous aimâtes.
Ils aimèrent.

PRÉTÉRIT INDÉFINI.

J'ai aimé.
Tu as aimé.
Il a aimé.
Nous avons aimé.
Vous avez aimé.

Ils ont aimé.

PRÉTÉRIT ANTÉRIEUR.

J'eus aimé.
Tu eus aimé.
Il eut aimé.
Nous eûmes aimé.
Vous eûtes aimé.
Ils eurent aimé.

PLUS-QUE-PARFAIT.

J'avais aimé.
Tu avais aimé.
Il avait aimé.
Nous avions aimé.
Nous aviez aimé.
Ils avaient aimé.

FUTUR.

J'aimerai.
Tu aimeras.
Il aimera.
Nous aimerons.
Vous aimerez
Ils aimeront.

FUTUR PASSÉ.

J'aurai aimé.
Tu auras aimé.
Il aura aimé.
Nous aurons aimé.
Vous aurez aimé.
Ils auront aimé.

CONDITIONNEL.

PRÉSENT.

J'aimerais.
Tu aimerais.
Il aimerait.
Nous aimerions.
Vous aimeriez.
Ils aimeraient.

PASSÉ.

J'aurais aimé.
Tu aurais aimé.
Il aurait aimé.
Nous aurions aimé.
Vous auriez aimé.
Ils auraient aimé.

On dit aussi : J'eusse aimé, tu eusses aimé, il eût aimé, nous eussions aimé, vous eussiez aimé, ils eussent aimé.

IMPÉRATIF.

Point de première personne.
Aime.
Qu'il aime.
Aimons.
Aimez.
Qu'ils aiment.

SUBJONCTIF.

PRÉSENT *ou* FUTUR.

Que j'aime.
Que tu aimes.
Qu'il aime.
Que nous aimions.
Que vous aimiez.
Qu'ils aiment.

IMPARFAIT.

Que j'aimasse
Que tu aimasses.
Qu'il aimât.
Que nous aimassions.
Que vous aimassiez.
Qu'ils aimassent.

PRÉTÉRIT.

Que j'aie aimé.
Que tu aies aimé.
Qu'il ait aimé.
Que nous ayons aimé.
Que vous ayez aimé.
Qu'ils aient aimé.

PLUS-QUE-PARFAIT.

Que j'eusse aimé.
Que tu eusses aimé.
Qu'il eût aimé.
Que nous eussions aimé.
Que vous eussiez aimé.
Qu'ils eussent aimé.

INFINITIF.

PRÉSENT.

Aimer.

PASSÉ.

Avoir aimé.

PARTICIPE.

PRÉSENT.

Aimant.

PASSÉ.

Aimé, aimée, ayant aimé.

FUTUR.

Devant aimer.

SECONDE CONJUGAISON EN *IR*.

INDICATIF.

PRÉSENT.

Je punis.
Tu punis.
Il punit.
Nous punissons.
Vous punissez.
Íls punissent.

IMPARFAIT.

Je punissais.
Tu punissais.
Il punissait.
Nous punissions.
Vous punissiez.
Ils punissaient.

PRÉTÉRIT DÉFINI.

Je punis.
Tu punis.
Il punit.
Nous punîmes.
Vous punîtes.
Ils punirent.

PRÉTÉRIT INDÉFINI.

J'ai puni.
Tu as puni.
Il a puni.
Nous avons puni.
Vous avez puni.
Ils ont puni.

PRÉTÉRIT ANTÉRIEUR.

J'eus puni.
Tu eus puni.
Il eut puni.
Nous eûmes puni.
Vous eûtes puni.
Ils eurent puni.

PLUS-QUE-PARFAIT.

J'avais puni.
Tu avais puni.
Il avait puni.
Nous avions puni.
Vous aviez puni.
Ils avaient puni.

FUTUR.

Je punirai.
Tu puniras.
Il punira.
Nous punirons.
Vous punirez.
Ils puniront.

FUTUR PASSÉ.

J'aurai puni.
Tu auras puni.
Il aura puni.
Nous aurons puni.
Vous aurez puni.
Ils auront puni.

CONDITIONNEL.

PRÉSENT.

Je punirais.
Tu punirais.
Il punirait.
Nous punirions.
Vous puniriez.
Ils puniraient.

PASSÉ.

J'aurais puni.
Tu aurais puni.
Il aurait puni.
Nous aurions puni.
Vous auriez puni.
Ils auraient puni.

On dit aussi : J'eusse puni, tu
eusses puni, il eût puni, nous
eussions puni, vous eussiez
puni, ils eussent puni

IMPÉRATIF.

Point de première personne.
Punis.
Qu'il punisse.
Punissons.
Punissez.
Qu'ils punissent.

SUBJONCTIF.

PRÉSENT *ou* FUTUR.

Que je punisse.
Que tu punisses.
Qu'il punisse.
Que nous punissions.
Que vous punissiez.
Qu'ils punissent.

IMPARFAIT.

Que je punisse.
Que tu punisses.
Qu'il punît.
Que nous punissions.
Que vous punissiez.
Qu'ils punissent.

PASSÉ.

Que j'aie puni.
Que tu aies puni.
Qu'il ait puni.
Que nous ayons puni.
Que vous ayez puni.
Qu'ils aient puni.

PLUS-QUE-PARFAIT.

Que j'eusse puni.
Que tu eusses puni.
Qu'il eût puni.
Que nous eussions puni.
Que vous eussiez puni.
Qu'ils eussent puni.

INFINITIF.

PRÉSENT.

Punir.

PASSÉ.

Avoir puni.

PARTICIPE.

PRÉSENT.

Punissant.

PASSÉ.

Puni, punie, ayant puni.

FUTUR.

Devant punir.

TROISIÉME CONJUGAISON EN *OIR*.

INDICATIF.
PRÉSENT.

Je reçois.
Tu reçois.
Il reçoit.
Nous recevons.
Vous recevez.
Ils reçoivent.

IMPARFAIT.

Je recevais.
Tu recevais.
Il recevait.
Nous recevions.
Vous receviez.
Ils recevaient.

PRÉTERIT DÉFINI.
Je reçus.
Tu reçus.
Il reçut.
Nous reçûmes.
Vous reçûtes.
Ils reçurent.

PRÉTÉRIT INDÉFINI.
J'ai reçu.
Tu as reçu.
Il a reçu.
Nous avons reçu.
Vous avez reçu.
Ils ont reçu.

PRÉTÉRIT ANTÉRIEUR.
J'eus reçu.
Tu eus reçu.
Il eut reçu.
Nous eûmes reçu.
Vous eûtes reçu.
Ils eurent reçu.

PLUS-QUE-PARFAIT.
J'avais reçu.
Tu avais reçu.
Il avait reçu.
Nous avions reçu.
Vous aviez reçu.
Ils avaient reçu.

FUTUR.
Je recevrai.
Tu recevras.
Il recevra.
Nous recevrons.
Vous recevrez.
Ils recevront.

FUTUR PASSÉ.
J'aurai reçu.
Tu auras reçu.
Il aura reçu.
Nous aurons reçu.
Vous aurez reçu.
Ils auront reçu.

CONDITIONNEL.
PRÉSENT.
Je recevrais.
Tu recevrais.
Il recevrait.
Nous recevrions.
Vous recevriez.
Ils recevraient.

PASSÉ.
J'aurais reçu.
Tu aurais reçu.
Il aurait reçu.
Nous aurions reçu.
Vous auriez reçu.
Ils auraient reçu.

On dit aussi : J'eusse reçu, tu eusses reçu, il eût reçu, nous eussions reçu, vous eussiez reçu, ils eussent reçu.

IMPÉRATIF.
Point de première personne.
Reçois.
Qu'il reçoive.
Recevons.
Recevez.
Qu'ils reçoivent.

SUBJONCTIF.
PRÉSENT.
Que je reçoive.
Que tu reçoives.
Qu'il reçoive.
Que nous recevions.
Que vous receviez.
Qu'ils reçoivent.

IMPARFAIT.
Que je reçusse.
Que tu reçusses.
Qu'il reçût.
Que nous reçussions.
Que vous reçussiez.
Qu'ils reçussent.

PRÉTÉRIT.

Que j'aie reçu.
Que tu aies reçu.
Qu'il ait reçu.
Que nous ayons reçu.
Que vous ayez reçu.
Qu'ils aient reçu.

PLUS-QUE-PARFAIT.

Que j'eusse reçu.
Que tu eusses reçu.
Qu'il eût reçu.
Que nous eussions reçu.
Que vous eussiez reçu.
Qu'ils eussent reçu.

INFINITIF.

PRÉSENT.

Recevoir.

PASSÉ.

Avoir reçu.

PARTICIPE.

PRÉSENT.

Recevant.

PASSÉ.

Reçu, reçue, ayant reçu.

FUTUR.

Devant recevoir.

QUATRIÈME CONJUGAISON EN *RE*.

INDICATIF.

PRESENT.

Je rends.
Tu rends.
Il rend.
Nous rendons.
Vous rendez.
Ils rendent.

IMPARFAIT.

Je rendais.
Tu rendais.
Il rendait.
Nous rendions.
Vous rendiez.
Ils rendaient.

PRÉTÉRIT DÉFINI.

Je rendis.
Tu rendis.
Il rendit.
Nous rendîmes.
Vous rendîtes.
Ils rendirent.

PRÉTÉRIT INDÉFINI.

J'ai rendu.
Tu as rendu.
Il a rendu.
Nous avons rendu.
Vous avez rendu.

PRÉTÉRIT ANTÉRIEUR.

Ils ont rendu.
J'eus rendu.
Tu eus rendu.
Il eut rendu.
Nous eûmes rendu.
Vous eûtes rendu.
Ils eurent rendu.

PLUS-QUE-PARFAIT.

J'avais rendu.
Tu avais rendu.
Il avait rendu.
Nous avions rendu.
Vous aviez rendu.
Ils avaient rendu.

FUTUR.

Je rendrai.
Tu rendras.
Il rendra.
Nous rendrons.
Vous rendrez.
Ils rendront.

FUTUR PASSÉ.

J'aurai rendu.
Tu auras rendu.
Il aura rendu.
Nous aurons rendu.
Vous aurez rendu.
Ils auront rendu.

CONDITIONNEL.

PRÉSENT.

Je rendrais.
Tu rendrais.
Il rendrait.
Nous rendrions.
Vous rendriez.
Ils rendraient.

PASSÉ.

J'aurais rendu.
Tu aurais rendu.
Il aurait rendu.
Nous aurions rendu.
Vous auriez rendu.
Ils auraient rendu.

On dit aussi : J'eusse rendu, tu eusses rendu, il eût rendu, nous eussions rendu, vous eussiez rendu, ils eussent rendu.

IMPERATIF.

Point de première personne.
Rends.
Qu'il rende.
Rendons.
Rendez.
Qu'ils rendent.

SUBJONCTIF.

PRÉSENT *ou* FUTUR.

Que je rende.
Que tu rendes.
Qu'il rende.
Que nous rendions.
Que vous rendiez.
Qu'ils rendent.

IMPARFAIT.

Que je rendisse.
Que tu rendisses.
Qu'il rendît.
Que nous rendissions.
Que vous rendissiez.
Qu'ils rendissent.

PASSÉ.

Que j'aie rendu.
Que tu aies rendu.
Qu'il ait rendu.
Que nous ayons rendu.
Que vous ayez rendu.
Qu'ils aient rendu.

PLUS-QUE-PARFAIT.

Que j'eusse rendu.
Que tu eusses rendu.
Qu'il eût rendu.
Que nous eussions rendu.
Que vous eussiez rendu.
Qu'ils eussent rendu.

INFINITIF.

PRÉSENT.

Rendre.

PASSÉ.

Avoir rendu.

PARTICIPE.

PRÉSENT.

Rendant.

PASSÉ

Rendu, rendue, ayant rendu.

FUTUR.

Devant rendre.

D. Qu'appelle - t - on temps primitifs d'un verbe ?

R. On appelle ainsi tous les temps qui servent à en former d'autres dans les quatre conjugaisons ; tels sont : infinitif présent : *Aimer ;* participe présent : *Aimant ;* participe passé : *Aimé, aimée, ayant aimé* ; présent de l'indicatif : *J'aime,* prétérit défini : *J'aimai.*

D. Qu'appelle-t-on temps dérivés d'un verbe?

R. On appelle ainsi tous les temps formés des temps primitifs.

D. Que forme-t-on du présent de l'indicatif?

R. On forme de ce temps l'impératif, en ôtant le pronom *je.* exemple : *J'aime ;* impératif : *Aime. Je finis ;* impératif : *Finis. Je reçois ;* impératif : *Reçois. Je rends ;* impératif : *Rends.*

D. Quelques verbes ne font-ils pas exception à cette règle ?

R. Il y en a quatre, qui sont : *Etre, avoir, aller, savoir.* Ainsi on dit : *Je suis ;* impératif : *Sois. J'ai* ; impératif : *Aie. Je vais ;* impératif : *Va. Je sais ;* impératif : *Sache.*

Il suit de cette règle que les verbes s'écrivent à la seconde personne du singulier de l'impératif comme à la première personne du singulier de l'indicatif présent.

D. Que forme-t-on du prétérit défini de l'indicatif?

R. L'imparfait du subjondtif, sans exception, changeant *ai* en *asse* pour la première conjugaison, et en ajoutant *se* pour les trois autres. Exemple : Première conjugaison : *J'aimai, je chantai* ; imparfait du subjonctif : *Que j'aimasse, que je chantasse.* Deuxième conjugaison : *Je finis, je revins, je tins* ; imparfait du subjonctif : *Que je finisse, que je revinsse, que je tinsse.* Troisième conjugaison. *Je reçus, je conçus, j'aperçus* ; imparfait du subjonctif : *Que je reçusse, que je conçusse, que j'aperçusse,* etc. Quatrième conjugaison : *Je rendis, je cousis, je fus,* etc.; imparfait du subjonctif : *Que je rendisse, que je cousisse, que je fusse,* etc.

D. Que forme-t-on du présent de l'infinitif?

R. Le futur de l'indicatif et le conditionel présent : 1° le futur en ajoutant *ai* au présent de l'infinitif. (Il faut retrancher l'*e* muet pour tous les verbes de la quatrième conjugaison.) Et 2° le conditionnel en ajoutant *ais* (en retranchant pareillement l'*e* muet de la quatrième conjugaison).

D. Cette règle admet-elle quelques exceptions?

R. Elle en admet dans les quatre conjugaisons. Exemples : Première conjugaison : *Aller* fait au futur *j'irai ; envoyer* fait *j'enverrai*, etc. Deuxième conjugaison : *Tenir*, futur *je tiendrai ; venir, je viendrai ; cueillir, je cueillerai ; courir, je courrai ; mourir, je mourrai ; acquérir, j'acquerrai*, etc. Troisième conjugaison : *Recevoir*, futur, *je recevrai ; savoir, je saurai.* etc. Quatrième conjugaison : *Faire, je ferai ; être, je serai*, etc.

L'usage apprendra les autres.

E. Que forme-t-on du participe présent ?

R. De ce participe, on forme premièrement : l'imparfait de l'indicatif en changeant *ant* en *ais* : *Aimant*, imparfait, *j'aimais ; finissant, je finissais ; recevant, je recevais ; rendant, je rendais.*

D. Cette règle est-elle générale?

R. Deux verbes font exception : *Ayant, j'avais , sachant, je savais.*

Deuxièmement. De ce participe on forme la première personne plurielle du présent de l'indicatif, en changeant *ant* en *ons*. Exemple : *Aimant*, présent de l'indicatif *nous aimons ; finissant, nous finissons ; recevant, nous recevons, rendant, nous rendons.*

D. Cette règle est-elle sans exception ?

R. Non ; on en excepte trois verbes : *Etant*, pré-

3

sent de l'indicatif *nous sommes ; ayant, nous avons, sachant, nous savons.*

Troisièmement. On forme du participe présent la deuxième personne plurielle du présent de l'indicatif en changeant *ant* en *ez*. Exemple : *Aimant*, présent de l'indicatif *vous aimez ; finissant, vous finissez ; recevant, vous recevez, rendant, vous rendez.*

D. Est-ce sans exception ?

R. Non ; cette règle excepte trois verbes : *Faisant*, présent de l'indicatif *vous faites ;* ainsi que *défaites, refaites, contre-faites, surfaites, satisfaites ; disant, vous dites ; étant, vous êtes.*

Quatrièmement. On forme de ce participe la troisième personne plurielle du présent de l'indicatif, en changeant *ant* en *ent*. Exemple : *Aimant*, présent de l'indicatif *ils aiment ; finissant ; ils finissent, rendant, ils rendent.*

D. Cette règle n'admet-elle pas quelques exceptions ?

R. Sont exceptés : *Faisant, étant, ayant, allant, recevant*, qui font au présent de l'indicatif *ils font, ils sont, ils ont, ils vont, ils reçoivent*, etc.

Cinquièmement. On forme de ce même participe le présent du subjonctif, en changeant *ant* en *e* muet : *Aimant*, présent du subjonctif *que j'aime ; finissant, que je finisse ; rendant, que je rende*, etc.

D. Cette règle admet-elle quelques exceptions ?

R. On en excepte: 1° pour la première conjugaison : *Allant,* qui fait au présent du subjonctif *que j'aille ;* 2° pour la seconde conjugaison : *Tenant,* présent du subjonctif *que je tienne,* etc. ; 3° pour la troisième conjugaison : *Recevant,* présent du subjonctif *que je reçoive,* etc. ; 4° pour la quatrième conjugaison : *Buvant, que je boive,* etc.

D. Que forme-t-on du participe passé ?

R. De ce participe on forme tous les temps composés en y joignant un des temps des verbes auxiliaires *avoir* ou *être,* comme : *j'ai travaillé, j'ai écrit, je suis venu,* etc.

D. Qu'appelle-t-on verbes irréguliers ?

R. On appelle ainsi tout verbe qui ne suit pas toujours la règle générale des quatre conjugaisons.

D. Que remarque-t-on sur certains de ces verbes ?

R. Qu'il y en a plusieurs qui ne sont pas usités à certains temps et à certaines personnes, et qu'on appelle pour cette raison verbes irréguliers défectifs.

D. Qu'appelle-t-on verbe actif ?

R. On appelle ainsi tout verbe après lequel on peut mettre quelqu'un, quelque chose, c'est-à-dire qui peut avoir un régime direct. Les quatre modèles que nous venons de donner sont des verbes actifs, attendu qu'on peut mettre après eux quelqu'un, quelque chose, comme : *Aimer une personne, finir, recevoir, rendre une chose.*

D. Y a-t-il différentes espèces de verbes?

R. Nous avons encore le verbe *passif*, le verbe *neutre*, le verbe *pronominal*, et le verbe *uni-personnel*.

D. Qu'est-ce que le verbe passif?

R. Le verbe passif n'est que le participe passé du verbe actif joint au verbe *être*; il se forme de l'actif en prenant pour sujet le régime direct de celui-ci.

VERBE PASSIF, *ÊTRE AIMÉ.*

INDICATIF.

PRÉSENT.

Je suis aimé *ou* aimée.
Tu es aimé *ou* aimée.
Il est aimé *ou* elle est aimée.
Nous sommes aimés *ou* aimées.
Vous êtes aimés *ou* aimées.
Ils sont aimés *ou* elles sont aimées.

IMPARFAIT.

J'étais aimé *ou* aimée.
Tu étais aimé *ou* aimée.
Il était aimé *ou* elle était aimée.
Nous étions aimés *ou* aimées.
Vous étiez aimés *ou* aimées.
Ils étaient aimés *ou* elles étaient aimées.

PRÉTÉRIT DÉFINI.

Je fus aimé *ou* aimée.

Tu fus aimé *ou* aimée.
Il fut aimé *ou* elle fut aimée.
Nous fûmes aimés *ou* aimées.
Vous fûtes aimés *ou* aimées.
Ils furent aimés *ou* elles furent aimées.

PRÉTÉRIT INDÉFINI.

J'ai été aimé *ou* aimée.
Tu as été aimé *ou* aimée.
Il a été aimé *ou* elle a été aimée.
Nous avons été aimés *ou* aimées.
Vous avez été aimés *ou* aimées.
Ils ont été aimés *ou* elles ont été aimées.

PRÉTÉRIT ANTÉRIEUR.

J'eus été aimé *ou* aimée.
Tu eus été aimé *ou* aimée.
Il eut été aimé *ou* elle eut été aimée.
Nous eûmes été aimés *ou* aimées.
Vous eûtes été aimés *ou* aimées.
Ils eurent été aimés *ou* elles eurent été aimées.

PLUS-QUE-PARFAIT.

J'avais été aimé *ou* aimée.
Tu avais été aimé *ou* aimée
Il avait été aimé *ou* elle avait été aimée.
Nous avions été aimés *ou* aimées.
Vous aviez été aimés *ou* aimées.
Ils avaient été aimés *ou* elles avaient été aimées.

FUTUR.

Je serai aimé *ou* aimée.
Tu seras aimé *ou* aimée.
Il sera aimé *ou* elle sera aimée.
Nous serons aimés *ou* aimées.
Vous serez aimés *ou* aimées.

Ils seront aimés *ou* elles seront aimées.

FUTUR PASSÉ.

J'aurai été aimé *ou* aimée.
Tu auras été aimé *ou* aimée.
Il aura été aimé *ou* elle aura été aimée.
Nous aurons été aimés *ou* aimées.
Vous aurez été aimés *ou* aimées.
Ils auront été aimés *ou* elles auront été aimées.

CONDITIONNEL.

PRÉSENT.

Je serais aimé *ou* aimée.
Tu serais aimé *ou* aimée.
Il serait aimé *ou* elle serait aimée.
Nous serions aimés *ou* aimées.
Vous seriez aimés *ou* aimées.
Ils seraient aimés *ou* elles seraient aimées

PASSÉ.

J'aurais été aimé *ou* aimée.
Tu aurais été aimé *ou* aimée.
Il aurait été aimé *ou* elle aurait été aimée.
Nous aurions été aimés *ou* aimées.
Vous auriez été aimés *ou* aimées.
Ils auraient été aimés *ou* elles auraient été aimées.

On dit aussi : J'eusse été aimé *ou* aimée, tu eusses été aimé *ou* aimée, il eût été aimé *ou* elle eût été aimée, nous eussions été aimés *ou* aimées,

vous eussiez été aimés *ou* aimées, ils eussent été aimés
ou elles eussent été aimées.

IMPÉRATIF.

Point de première personne.

Sois aimée *ou* aimée.
Qu'il soit aimé *ou* qu'elle soit
aimée.
Soyons aimés *ou* aimées.
Soyez aimés *ou* aimées.
Qu'ils soient aimés *ou* qu'elles
soient aimées.

SUBJONCTIF.

PRÉSENT *ou* FUTUR.

Que je sois aimé *ou* aimée.
Que tu sois aimé *ou* aimée.
Qu'il soit aimé *ou* qu'elle soit
aimée.
Que nous soyons aimés *ou* ai-
mées.
Que vous soyez aimés *ou* ai-
mées.
Qu'ils soient aimés *ou* qu'elles
soient aimées.

IMPARFAIT.

Que je fusse aimé *ou* aimée.
Que tu fusses aimé *ou* aimée.
Qu'il fût aimé *ou* qu'elle fût ai-
mée.
Que nous fussions aimés *ou* ai-
mées.
Que vous fussiez aimés *ou* ai-
mées.
Qu'ils fussent aimés *ou* qu'elles
fussent aimées.

PASSÉ.

Que j'aie été aimé *ou* aimée.
Que tu aies été aimé *ou* aimée.
Qu'il ait été aimé *ou* qu'elle ait
ait été aimée.
Que nous ayons été aimés *ou*
aimées.
Que vous ayez été aimés *ou*
aimées.
Qu'ils aient été aimés *ou* qu'elles
aient été aimées.

PLUS-QUE-PARFAIT.

Que j'eusse été aimé *ou* aimée.
Que tu eusses été aimé *ou* aimée.
Qu'il eût été aimé *ou* qu'elle eût
été aimée.
Que nous eussions été aimés *ou*
aimées.
Que vous eussiez été aimés *ou*
aimées.
Qu'ils eussent été aimés *ou*
qu'elles eussent été aimées.

INFINITIF.

PRÉSENT.

Être aimé *ou* aimée.

PASSÉ.

Avoir été aimé *ou* aimée.

PARTICIPE.

PRÉSENT.

Étant aimé *ou* aimée.

PASSÉ.

Ayant été aimé *ou* aimée.

FUTUR.

Devant être aimé *ou* aimée.

D. Qu'est-ce que le verbe neutre?

R. C'est le verbe après lequel on ne peut pas mettre *quelqu'un* ni *quelque chose*; tels sont : *Dormir, languir*, etc., attendu qu'on ne doit pas dire *Languir quelqu'un; dormir quelque chose.*

VERBE NEUTRE, *PARTIR.*

INDICATIF.

PRÉSENT.

Je pars.
Tu pars.
Il *ou* elle part.
Nous partons.
Vous partez.
Ils *ou* elles partent.

IMPARFAIT.

Je partais.
Tu partais.
Il *ou* elle partait.
Nous partions.
Vous partiez.
Ils *ou* elles partaient.

PRÉTÉRIT DÉFINI.

Je partis.
Tu partis.
Il *ou* elle partit.
Nous partîmes.
Vous partîtes.
Ils *ou* elles partirent.

PRÉTÉRIT INDÉFINI.

Je suis parti *ou* partie.
Tu es parti *ou* partie.
Il est parti *ou* elle est partie.

Nous sommes partis *ou* parties.
Vous êtes partis *ou* parties.
Ils sont partis *ou* elles sont parties.

PRÉTÉRIT ANTÉRIEUR.

Je fus parti *ou* partie.
Tu fus parti *ou* elle fut partie.
Il fut parti *ou* elle fut partie.
Nous fûmes partis *ou* parties.
Vous fûtes partis *ou* parties.
Ils furent partis *ou* elles furent parties.

PLUS-QUE-PARFAIT.

J'étais parti *ou* partie.
Tu étais parti *ou* partie.
Il était parti *ou* elle était partie.
Nous étions partis *ou* parties.
Vous étiez partis *ou* parties.
Ils étaient partis *ou* elles étaient parties.

FUTUR.

Je partirai.
Tu partiras.
Il *ou* elle partira.
Nous partirons.
Vous partirez.
Ils *ou* elles partiront.

FUTUR PASSÉ.

Je serai parti *ou* partie.
Tu seras parti *ou* partie.
Il sera parti *ou* elle sera partie.
Nous serons partis *ou* parties.
Vous serez partis *ou* parties.
Ils seront partis *ou* elles seront parties.

CONDITIONNEL.
PRÉSENT.

Je partirais.
Tu partirais.
Il *ou* elle partirait.
Nous partirions.
Vous partiriez.
Il *ou* elles partiraient.

PASSÉ.

Je serais parti *ou* partie.
Tu serais parti *ou* partie.
Il serait parti *ou* elle serait partie.
Nous serions partis *ou* parties.
Vous seriez partis *ou* parties.
Ils seraient partis *ou* elles seraient parties.

On dit aussi : Je fusse parti *ou* partie, tu fusses parti *ou* partie, il fût parti *ou* elle fût partie, nous fussions partis *ou* parties, vous fussiez partis *ou* parties, ils fussent partis *ou* elles fussent parties.

IMPÉRATIF.

Point de première personne.
Pars.
Qu'il *ou* qu'elle parte.
Partons.
Partez.
Qu'ils *ou* qu'elles partent.

SUBJONCTIF.
PRÉSENT *ou* FUTUR.

Que je parte.
Que tu partes.
Qu'il *ou* qu'elle parte.
Que nous partions.
Que vous partiez.
Qu'ils *ou* qu'elles partent.

IMPARFAIT.

Que je partisse.
Que tu partisses.
Qu'il *ou* qu'elle partît.
Que nous partissions.
Que vous partissiez.
Qu'ils *ou* qu'elles partissent.

PASSÉ.

Que je sois parti *ou* partie.
Que tu sois parti *ou* partie.
Qu'il soit parti *ou* qu'elle soit partie.
Que nous soyons partis *ou* parties.
Que vous soyez partis *ou* parties.
Qu'ils soient partis *ou* qu'elles soient parties.

PLUS-QUE-PARFAIT.

Que je fusse parti *ou* partie.
Que tu fusses parti *ou* partie.
Qu'il fût parti *ou* qu'elle fût partie.
Que nous fussions partis *ou* parties.
Que vous fussiez partis *ou* parties.

Qu'ils fussent partis *ou* qu'elles fussent parties.

INFINITIF.

PRÉSENT.

Partir.

PASSÉ.

Être parti *ou* partie.

PARTICIPE.

PRÉSENT.

Partant.

PASSÉ.

Parti, partie, étant parti *ou* partie.

FUTUR.

Devant partir.

D. Qu'appelle-t-on verbe réfléchi?

R. Celui dont le sujet et le régime sont de la même personne.

D. Quelle différence met-on entre un verbe réfléchi et un verbe pronominal?

R. Cette différence est qu'on appelle essentiellement pronominal tout verbe qui ne peut se conjuguer qu'avec deux pronoms de la même personne, comme : *Se repentir, s'abstenir, s'emparer, s'en aller ;* tandis qu'on appelle réfléchi tout verbe qui ne se conjugue avec deux pronoms qu'accidentellement et non pas nécessairement, comme : *S'aimer, s'estimer, se flatter.* Il suit de là que tout verbe peut être réfléchi ; tandis qu'il n'y a de pronominal essentiellement que celui qui prend rigoureusement deux pronoms.

VERBE PRONOMINAL ou RÉFLÉCHI
SE REPENTIR.

INDICATIF.

PRÉSENT.

Je me repens.
Tu te repens.
Il *ou* elle se repent.
Nous nous repentons.
Vous vous repentez.
Ils *ou* elles se repentent.

IMPARFAIT.

Je me repentais.
Tu te repentais.
Il *ou* elle se repentait.
Nous nous repentions.
Vous vous repentiez.
Ils *ou* elles se repentaient.

PRÉTÉRIT DÉFINI.

Je me repentis.
Tu te repentis.
Il *ou* elle se repentit.
Nous nous repentîmes.
Vous vous repentîtes.
Ils *ou* elles se repentirent.

PRÉTÉRIT INDÉFINI.

Je me suis repenti *ou* repentie.
Tu t'es repenti *ou* repentie.
Il s'est repenti *ou* elle s'est re-
pentie.
Nous nous sommes repentis *ou*
repenties.
Vous vous êtes repentis *ou* re-
penties.
Ils se sont repentis *ou* elles se
sont repenties.

PRÉTÉRIT ANTÉRIEUR.

Je me fus repenti *ou* repentie.
Tu te fus repenti *ou* repentie.
Il se fut repenti *ou* elle se fut
repentie.
Nous nous fûmes repentis *ou*
repenties.
Vous vous fûtes repenties *ou*
repenties.
Ils se furent repentis *ou* elles se
furent repenties.

PLUS-QUE-PARFAIT.

Je m'étais repenti *ou* repentie.
Tu t'étais repenti *ou* repentie.
Il s'était repenti *ou* elle s'était
repentie.
Nous nous étions repentis *ou*
repenties.
Vous vous étiez repentis *ou* re-
penties.
Ils s'étaient repentis *ou* elles
s'étaient repentis.

FUTUR.

Je me repentirai.
Tu te repentiras.
Il *ou* elle se repentira.
Nous nous repentirons.
Vous vous repentirez.
Ils *ou* elles se repentiront.

FUTUR PASSÉ.

Je me serai repenti *ou* repentie.
Tu te seras repenti *ou* repentie.
Il se sera repenti *ou* elle se sera
repentie.

Nous nous serons repentis *ou* repenties.

Vous vous serez repentis *ou* repenties.

Ils se seront repentis *ou* elles se seront repenties.

CONDITIONNEL.

PRÉSENT.

Je me repentirais.

Tu te repentirais.

Il *ou* elle se repentirait.

Nous nous repentirions.

Vous vous repentiriez.

Ils *ou* elles se repentiraient.

PASSÉ.

Je me serais repenti *ou* repentie.

Tu te serais repenti *ou* repentie.

Il se serait repenti *ou* elle se serait repentie.

Nous nous serions repentis *ou* repenties.

Vous vous seriez repentis *ou* repenties.

Ils se seraient repentis *ou* elles se seraient repenties.

On dit aussi : Je me fusse repenti *ou* repentie, tu te fusses repenti *ou* repentie, il se fût repenti *ou* elle se fût repentie, nous nous fussions repentis *ou* repenties, vous vous fussiez repentis *ou* repenties, ils se fussent repentis *ou* elles se fussent repentis.

IMPÉRATIF.

Point de première personne.

Repens-toi.

Qu'il *ou* qu'elle se repente.

Repentons-nous.

Repentez-vous.

Qu'ils *ou* qu'elles se repentent.

SUBJONCTIF.

PRÉSENT *ou* FUTUR.

Que je me repente.

Que tu te repentes.

Qu'il *ou* qu'elle se repente.

Que nous nous repentions.

Que vous vous repentiez.

Qu'ils *ou* qu'elles se repentent

IMPARFAIT.

Que je me repentisse.

Que tu te repentisses.

Qu'il *ou* qu'elle se repentît.

Que nous nous repentissions.

Que vous vous repentissiez.

Qu'ils *ou* qu'elles se repentissent.

PASSÉ.

Que je me sois repenti *ou* repentie.

Que tu te sois repenti *ou* repentie.

Qu'il se soit repenti *ou* qu'elle se soit repentie.

Que nous nous soyons repentis *ou* repenties.

Que vous vous soyez repentis *ou* repenties.

Qu'ils se soient repentis *ou* qu'elles se soient repenties.

PLUS-QUE-PARFAIT.

Que je me fusse repenti *ou* repentie.

Que tu te fusses repenti *ou* repentie.

Qu'il se fût repenti *ou* qu'elle se fût repentie.

Que nous nous fussions repentis *ou* repenties.

Que vous vous fussiez repentis *ou* repenties.

Qu'ils se fussent repentis *ou* qu'elles se fussent repenties.

INFINITIF.

PRÉSENT.

Se repentir.

PASSÉ.

S'être repenti *ou* repentie.

PARTICIPE.

PRÉSENT.

Se repentant.

PASSÉ.

Repenti *ou* repentie, s'étant repenti *ou* repentie.

FUTUR.

Devant se repentir.

D. Qu'appelle-t-on verbe uni-personnel?

R. Celui qui ne s'emploie qu'à la troisième personne du singulier.

VERBE UNI-PERSONNEL *FALLOIR*.

INDICATIF.

PRÉSENT.

Il faut.

IMPARFAIT.

Il fallait.

PRÉTÉRIT DÉFINI.

Il fallut.

PRÉTÉRIT INDÉFINI.

Il a fallu.

PRÉTÉRIT ANTÉRIEUR.

Il eut fallu.

PLUS-QUE-PARFAIT.

Il avait fallu.

FUTUR.

Il faudra.

FUTUR PASSÉ.

Il aura fallu.

CONDITIONNEL.

PRÉSENT.

Il faudrait.

PASSÉ.

Il aurait fallu.

SUBJONCTIF.

PRÉSENT *ou* FUTUR.

Qu'il faille.

IMPARFAIT.

Qu'il fallût.

PASSÉ.

Qu'il ait fallu.

PLUS-QUE-PARFAIT.	PARTICIPE.
Qu'il eût fallu.	PASSÉ.
INFINITIF.	Ayant fallu.
Falloir.	

D. Comment les verbes dont le participe présent se termine par *iant* ou par *yant* s'écrivent-ils à certaines personnes de l'imparfait de l'indicatif et du présent du subjonctif?

R. Aux premières et aux secondes personnes du pluriel de ces deux temps, les verbes qui ont le participe en *iant*, comme *priant*, prennent deux *ii*, nous *priions, que vous priiez*. Exemple : *Si vous appréciiez l'utilité de l'histoire, vous sentiriez qu'elle mérite que vous l'étudiiez davantage.* Ceux dont la dernière syllabe est en *yant*, comme *ployant*, prennent un *i* après l'y grec, *vous ployiez, que nous ployions*. Exemple : *La géographie mérite que vous employiez à l'étudier tous les efforts de votre mémoire.*

D. Que remarque-t-on sur les verbes terminés à l'infinitif par *eler*, comme *appeler, niveler*, etc., et par *eter*, comme *jeter, projeter*, etc.

R. Qu'ils doublent les consonnes *l* et *t* devant une *e* muet, comme : *J'appelle, j'appellerai, je jette, je jetterai*, etc.

D. Que remarque-t-on sur les verbes en *ger* et en *cer* ?

R. Que les verbes en *ger*, comme *affliger*, etc., prennent un *e* muet après le *g* devant *a, o*, comme : *Nous affligeons*, etc. ; et que les verbes en *cer*, comme : *Menacer*, etc., *prennent* une cédille sous le *c*, devant *a, o*, comme : *Nous plaçâmes*, etc.

D. A quel changement est soumis l'*e* qui précède la dernière syllabe, dans les verbes en *er* ?

Ceux qui ont la voyelle finale de l'infinitif précédée d'un *e* muet, comme : *Lever, semer*, etc., ou d'un *é* fermé, comme : *Régler, considérer*, etc., changent cet *é* fermé ou cet *e* muet en *è* ouvert devant une syllabe muette, comme : *Lever, je lève, régler, je règle*, etc.

Sont exceptés de cette règle les verbes en *éger*, comme *abréger, siéger*, etc., qui conservent toujours l'accent aigu devant le *g*.

D. Qu'observe-t-on sur les verbes terminés en *ayer* ?

R. Que l'*y* se change en *i* devant un *e* muet, *payer, je paie, je paierai*, etc.

D. Qu'observe-t-on sur les verbes terminés à l'infinitif par *dre* ?

R. Que ces verbes prennent *d, s*, aux deux premières personnes du singulier du présent de l'indicatif, et un *d* seulement à la troisième personne du singulier. Excepté les verbes en *eindre*, *aindre*, et en *soudre*, qui remplacent *d. s*, par *s*, et le *d* par *t* ; il faut remarquer que le verbe *répandre* est le seul qui prenne un *a*.

TEMPS PRIMITIFS DES

Présent de l'Infinitif.	Participe présent.	Participe passé.	Présent de l'Indicatif.	Prétérit défini de l'Indicatif.
VERBES AUXILIAIRES.				
Avoir	Ayant.	Eu, eue, ayant eu,	J'ai.	J'eus.
Être.	Étant.	Été, ayant été.	Je suis.	Je fus.
VERBES ACTIFS.				
Aimer.	Aimant.	Aimé, ai- mée, ayant aimé.	J'aime.	J'aimai.
Punir.	Punissant.	Puni, pu- nie, ayant puni.	Je punis.	Je punis.
Recevoir.	Recevant.	Reçu, re- çue, ayant reçu.	Je reçois.	Je reçus.
Rendre.	Rendant.	Rendu, ren- due, ayant rendu.	Je rends.	Je rendis.
VERBE PASSIF.				
Être aimé, ou aimée.	Étant aimé, ou aimée.	Aimé, ai- mée, ayant été aimé, ou aimée.	Je suis ai- mé, ou ai- mée.	Je fus aimé, ou aimée.
VERBE NEUTRE.				
Partir.	Partant.	Parti, par- tie, étant parti, ou partie.	Je pars.	Je partis.

VERBES IRRÉGULIERS.

Présent de l'Infinitif.	Participe présent.	Participe passé.	Présent de l'Indicatif.	Prétérit défini de l'Indicatif.

VERBE RÉFLÉCHI.

| Se repentir. | Se repentant. | Repenti, repentie, s'étant repenti, *ou* repentie. | Je me repens. | Je me repentis. |

VERBE UNI-PERSONNEL.

| Falloir. | » | Ayant fallu. | Il faut. | Il fallut. |

VERBES IRRÉGULIERS.

PREMIERE CONNJUGAISON.

| Aller. | Allant. | Allé, allée, étant allé, *ou* allée. | Je vais. | J'allais. |

Ainsi se conjugue *s'en aller*.

DEUXIEME CONJUGAISON.

Acquérir.	Acquérant.	Acquis, acquise, ayant acquis.	J'acquiers,	J'acquis.
Assaillir.	Assaillant.	Assailli, assaillie, ayant assailli.	J'assaille.	J'assaillis.
Bouillir.	Bouillant.	Bouilli, ayant bouilli.	Je bous.	Je bouillis.
Courir.	Courant.	Couru, ayant Couru.	Je cours.	Je courus.

De même, *accourir, recourir, concourir, parcourir*, etc.

TEMPS PRIMITIFS DES

Présent de l'Infinitif.	Participe présent.	Participe passé.	Présent de l'Indicatif.	Prétérit défini de l'Indicatif.
Cueillir.	Cueillant.	Cueilli, cueillie, ayant cueilli.	Je cueille.	Je cueillis.

De même, *accueillir, recueillir*, etc.

Dormir.	Dormant.	Dormi, ayant dormi.	Je dors.	Je dormis.
Faillir.	Faillant.	Failli, ayant failli.	Je faux.	Je faillis.

De même, *défaillir*.

Fleurir.	Fleurissant.	Fleuri, ayant fleuri.	Je fleuris.	Je fleuris.

Mais ce verbe, au figuré, fera, au participe présent, *florissant*, et à l'imparfait *florissait*; comme : *Les lettres, les arts florissaient sous le règne de Louis XIV*.

Fuir.	Fuyant.	Fui, fuie, ayant fui.	Je fuis.	Je fuis.
Haïr.	Haïssant.	Haï, haïe, ayant haï.	Je hais.	Je haïs.
Mourir.	Mourant.	Mort, morte, étant mort, *ou* morte.	Je meurs.	Je mourus.
Ouvrir.	Ouvrant.	Ouvert, ouverte, ayant ouvert.	J'ouvre.	J'ouvris.

Ainsi se conjuguent *couvrir, souffrir, offrir*, etc.

Partir.	Partant.	Parti, partie, étant parti, *ou* partie.	Je pars.	Je partis.

De même, *repartir, repartir (partager)*, et *ressortir (être du ressort)*, sont réguliers comme finir.

Sentir.	Sentant.	Senti, sentie, ayant senti.	Je sens.	Je sentis.

De même, *mentir, servir, sortir*, etc.

Tenir.	Tenant.	Tenu, tenue, ayant tenu.	Je tiens.	Je tins.

De même, *venir, convenir*, etc.

VERBES IRRÉGULIERS

Présent de l'Infinitif.	Participe présent.	Participe passé.	Présent de l'Indicatif.	Prétérit défini de l'Indicatif.
Vêtir.	Vêtant.	Vêtu, vêtue. ayant vêtu.	Je vêts.	Je vêtis.

De même, dévêtir, revêtir, survêtir. etc.

| Bénir. | Bénissant. | Béni, bénie, ayant béni. | Je bénis. | Je bénis. |

Ce verbe fera, au participe passé, *bénit, bénite,* quand il s'agira d'objets bénits ou de choses bénites par les prières des prêtres. Dans le cas où il signifie prospérité, réussite, il fait au participe, *béni, bénie.*

TROISIEME CONJUGAISON.

| Mouvoir. | Mouvant. | Mu, mue, ayant mu. | Je meus. | Je mus. |

De même, *émouvoir, promouvoir,* etc.

S'asseoir.	S'asseyant.	Assis, assise, s'étant assis ou assise.	Je m'assieds.	Je m'assis.
Déchoir.	»	Déchue, déchue, étant déchu, ou déchue.	Je déchois.	Je déchus.
Échoir.	Échéant.	Échu, échue, étant échu, ou échue.	Il échet, ou il échoit.	J'échus.
Pouvoir.	Pouvant.	Pu, ayant pu	Je puis, ou je peux.	Je pus.
Pleuvoir.	Pleuvant.	Plu, ayant plu.	Il pleut.	Il plut.

Ce verbe est uni personnel, sauf qu'on l'emploie au figuré, comme *chansons, lettres, nouvelles, pleuvent de tous côtés.*

Pourvoir.	Pourvoyant.	Pourvu, ayant pourvu.	Je pourvois,	Je pourvus.
Prévoir.	Prévoyant.	Prévu, prévue; ayant prévu.	Je prévois	Je prévis.
Voir	Voyant.	Vu, vue, ayant vu.	Je vois.	Je vis.

De même, *entrevoir, revoir,* etc.

TEMPS PRIMITIFS DES

Présent de l'Infinitif.	Participe présent.	Participe passé.	Présent de l'Indicatif.	Prétérit défini de l'Indicatif.
Valoir.	Valant.	Valu value, ayant valu.	Je vaux.	Je voulus.

Ainsi se conjugue *prévaloir*, sauf qu'il fait au substantif présent: *Que je prévale,* etc.

| Vouloir. | Voulant. | Voulu, voulue, ayant voulu. | Je veux. | Je voulus. |

QUATRIÈME CONJUGAISON.

| Battre. | Battant. | Battu, battue, ayant battu. | Je bats. | Je battis. |
| Absoudre. | Absolvant. | Absout, absoute, ayant absout. | J'absous. | » |

Conjuguez de même *dissoudre.*

| Astreindre. | Astreignant. | Astreint, astreinte, ayant astreint. | J'astreins. | J'astreignis. |

De même, *peindre, craindre,* tous les verbes en *aindre, eindre.*

| Braire | » | » | » | » |

Ce verbe, qui exprime le cri de l'âne, n'a que les inflexions que nous énonçons ici: *Il brait, ils braient; il braira, ils brairont; il brairait, ils brairaient.*

| Bruire. | Bruyant. | » | » | » |

Ce verbe n'est en usage qu'à l'infinitif et à la troisième personne du singulier et du pluriel de l'imparfait de l'indicatif : *Il bruyait,* etc.

| Circoncire. | Circoncisant. | Circoncis, circoncise, ayant circoncis. | Je circoncis. | Je circoncis. |
| Clore. | » | Clos, close, ayant clos. | Je clos, tu clos, il clot. | » |

Conjuguez ainsi *enclore* et *renclore.*

| Éclore. | » | Éclos, éclose, ayant éclos. | J'éclos. | » |

Ce verbe n'a guère que les inflexions suivantes : *Il éclot, ils éclosent; il éclora, ils écloront; il éclorait, ils écloraient; qu'il éclose, qu'ils éclosent.* Il prend, dans les temps composés, l'auxiliaire *être* : *Cette fleur est éclose; ces fleurs seront écloses sous peu de jours.*

VERBES IRRÉGULIERS

Présent de l'Infinitif.	Participe présent.	Participe passé.	Présent de l'Indicatif.	Prétérit de l'indicatif.
Conclure.	Concluant.	Conclu, con-clu, ayant conclu.	Je conclus.	Je conclus.

De même, *exclure*, sauf qu'au participe passé il fait *exclus, excluse* ou *exclue*.

Confire.	Confisant.	Confit, con-fite, ayant confit.	Je confis.	Je confis.
Suffire.	Suffisant.	Suffi, ayant suffi.	Je suffis.	Je suffis.
Connaître.	Connais-sant.	Connu, con-nue, ayant connu.	Je connais.	Je connus.

De même, *reconnaître, méconnaître, paraître, croître*, etc.

Coudre.	Cousant.	Cousu, cou-sue, ayant cousu.	Je couds.	Je cousis.

De même, *recoudre, découdre*, etc.

Croire.	Croyant.	Cru, crue. ayant cru.		
Dire.	Disant.	Dit, dite, ayant dit.	Je dis.	Je dis.

De même, *redire, contredire, dédire, interdire, prédire*, se conjuguent aussi comme *dire*; seulement ils font à la seconde personne du présent de l'indicatif, *vous contredisez, dédisez, médisez*, etc.

Maudire.	Maudissant.	Maudit, Maudite, ayant mau-dit.	Je maudis.	Je maudis.
Écrire.	Écrivant.	Écrit, écrite. ayant écrit.	J'écris.	J'écrivis.

De même, *récrire, décrire, transcrire, circonscrire, proscrire*, etc.

TEMPS PRIMITIFS DES

Présent de l'infinitif.	Participe présent.	Participe passé.	Présent de l'Indicatif.	Prétérit défini. de l'Indicatif.
Distraire.	Distrayant.	Distrait, distraite, ayant distrait.	Je distrais.	»
Faire.	Faisant.	Fait, faîte, ayant fait.	Je fais.	Je fis.

De même, surfaire, contrefaire, etc.

Frire.	»	Frit, frite, ayant frit.	Je fris.	Je fris.

Ce verbe n'a guère que les temps suivants ; *Je fris, tu fris, il frit. Point de pluriel. Je frirai. tu friras, il frira; je frirais, tu frirais, il frirait.*

Lire.	Lisant.	Lue, lue, ayant lu.	Je lis.	Je lus.

De même, élire.

Luire.	Luisant.	Lui, ayant lui.	Je luis.	

De même, reluire, etc.

Mettre.	Mettant.	Mis, mise, ayant mis.	Je mets.	Je mis.

De même, remettre, démettre, commettre, compromettre, etc.

Moudre.	Moulant.	Moulu, moulue, ayant moulue.	Je mouds.	Je moulus.
Naître.	Naissant.	Né, née, étant né, *ou* née.	Je nais.	Je naquis.
Paître.	Paissant.	»	Je pais.	

Ce verbe n'a ni participe passé, ni parfait défini; par conséquent, il n'a point d'imparfait du subjonctif, ni de temps composés ou combinés.

Prendre.	Prenant.	Pris, prise, ayant pris.	Je prends.	Je pris.

De même, apprendre, comprendre, reprendre, etc.

Rire.	Riant.	Ri, ayant ri.	Je ris.	Je ris.

De même, sourire.

VERBES IRRÉGULIERS.

Présent de l'Infinitif.	Participe présent.	Participe passé.	Présent de l'Indicatif.	Prétérit défini de l'Indicatif.
Résoudre.	Résolvant.	Résolu, ré-solue, ayant résolu.	Je résous.	Je résolus.

Dans ce cas, ce verbe signifie, *décider, déterminer.*

Résoudre.	Résolvant.	Résous, ayant ré-sous.	Je résous.	»

Dans ce cas, ce verbe signifie, *réduire, changer, convertir.*

Répondre.	Répondant.	Répondu, répondue, ayant répondu.	Je réponds.	Je répondis.
Tordre.	Tordant.	Tordu, tor-due, ayant tordu.	Je tords.	Je tordis.

De même, *retordre détordre,* etc.

Traire.	Trayant.	Trait, traite, ayant trait.	Je trais.	
Vaincre.	Vainquant.	vaincu vain-cue, ayant vaincu.	Je vaincs.	Je vainquis.

De même, *convaincre.*

Vivre.	Vivant.	Vécu, ayant vécu.	Je vis.	Je vécus.
Suivre.	Suivant.	Suivi, sui-vie, ayant suivi.	Je suis.	Je suivis.
Rompre.	Rompant	Rompu, rompue, ayant rom-pu.	Je romps,	Je rompis.

CHAPITRE VI.

DU PARTICIPE.

D. Qu'est-ce que le participe?

R. Le participe est un mot qui tient du verbe et de l'adjectif.

D. En quoi tient-il du verbe?

R. En ce qu'il en a la signifiation et le régime, comme : *Un homme lisant un livre, des hommes lisant des livres; une mère aimant ses enfants, des mères aimant leurs enfants.*

D. En quoi tient-il de l'adjectif?

R. En ce qu'il qualifie, comme l'adjectif, l'objet auquel il se rapporte, comme : *Homme instruit, femme désintéressée.*

D. Combien y a-t-il de sortes de participes?

R. Il y en a de deux sortes : le participe présent ou actif, et le participe passé ou passif.

D. Quelle différence met-on entre ces deux participes?

R. La différence est que le participe présent est toujours terminé en *ant*, et qu'il est toujours invariable. présentant l'objet comme opérant l'action; tandis que le participe passé a plusieurs terminaisons, et qu'il est tantôt variable et tantôt invariable. Ce participe présente l'objet comme ayant souffert l'action. Exemple : *Il est tombé en priant Dieu*. Il ne faut pas confondre le participe présent avec l'adjectif verbal qui a la même terminaison. Le participe diffère de l'adjectif : 1° parce qu'il peut avoir un régime direct ou indirect; 2° parce qu'il n'admet point le verbe *être*; 3° parce qu'il peut être remplacé par un autre temps du verbe auquel il appartient, en faisant précéder ce participe du pronom relatif *qui*. Exemple : *L'homme pratiquant la vertu mérite notre estime; pratiquant* est un participe, attendu qu'il a un régime direct, qu'il rejette le verbe *être*, et qu'enfin il peut être précédé du pronom relatif *qui*, ou d'une des conjonctions *lorsque*, *quand*, *tandis que*, etc.

En général, le participe présent marque l'action avec une idée de temps, tandis que l'adjectif marque l'état, comme dans cette phrase: *Ces hommes sont prévenants; ils se sont nui en prévenant un de leurs amis du danger qu'il allait encourir.*

D. De quel verbe le participe passé peut-il être accompagné?

R. Du verbe auxiliaire *être*, ou du verbe auxiliaire *avoir*.

4

D. Comment s'accorde le participe passé accompagné du verbe auxiliaire *être* ?

R. Le participe passé accompagné du verbe auxiliaire *être* peut être considéré comme adjectif; il s'accorde en genre et en nombre avec son sujet. Exemple : *L'homme qui est instruit a droit à notre estime.*

D. Le participe passé, accompagné du verbe auxiliaire *avoir*, peut-il varier ?

R. Oui, il est tantôt variable et tantôt invariable.

D. Quand est-il variable ?

R. Quand il est précédé de son régime direct; il s'accorde alors avec celui-ci. Exemple: *Charles VI n'exerça plus la souveraine puissance qu'il avait* perdue *avec la raison; elle fut quelque temps le partage du duc d'Orléans qui l'avait* enlevée *au duc de Bourgogne.*

D. Quand est-il invariable ?

R. Lorsque ce participe est suivi de son régime direct ou qu'il n'en a pas. Exemple : *On sut que ceux qui avaient donné la mort au frère du roi étaient des satellites de Jean-Sans-Peur. Le meurtrier et sa victime avaient, la veille, communié ensemble.*

D. Avec quoi le participe d'un verbe neutre peut-il s'accorder ?

R. Il ne peut s'accorder qu'avec le sujet. Ce

qui a lieu lorsqu'il est accompagné du verbe *être;* sauf ce cas, il est toujours invariable

D. Que remarque-t-on sur le participe passé accompagné de l'auxiliaire *être* mis pour *avoir?*

R. Qu'il suit la même règle que le participe passé accompagné de l'auxiliaire *avoir;* c'est-à-dire qu'il est variable si son régime direct est avant, et invariable s'il est après ou s'il n'en a pas. Exemple : *Les deux armées se sont livré une grande bataille. Se sont livré* est mis là pour *ont livré à elles.* Cependant, les participes des verbes essentiellement pronominaux prennent toujours l'accord, parce que ces verbes ont pour régime direct leur second pronom, lequel précède le participe. Le verbe *s'arroger* fait seul exception dans certains cas.

D. Comment considère-t-on tout participe passé non accompagné d'un des verbes auxiliaires *avoir* ou *être?*

R. Comme un adjectif. Exemples : *Le temps passé, les femmes instruites.*

D. Que dit-on de tout participe suivi d'un infinitif?

R. Qu'il peut être précédé de son régime direct, ou avoir pour régime direct cet infinitif. Dans le premier cas, le participe est variable, tandis que dans le second il est invariable.

D. Comment s'assure-t-on que le régime direct est celui du participe plutôt que celui de l'infinitif?

R. On n'a pour cela qu'à voir si l'on peut mettre immédiatement le régime direct après le participe; si on le peut, ce participe est variable, comme dans cet exemple : *La personne que j'ai entendue chanter ;* car on peut dire également : *J'ai entendu chanter la personne* ou *j'ai entendu la personne chanter ;* mais si cela ne se peut pas, le participe est invariable, attendu que le régime dépend de l'infinitif, comme dans cet exemple : *La chanson que j'ai entendu chanter;* car on ne pourra pas dire : *J'ai entendu la chanson chanter;* attendu que la chanson ne peut pas chanter.

D. Que remarque-t-on sur le participe passé dans les verbes uni-personnels?

R. Que ce participe est invariable, d'abord parce que les verbes uni-personnels n'ont pas de régime direct; ensuite, parce que le véritable sujet de ces verbes, exprimé ou non dans la phrase, est toujours représenté par le mot vague *il*, qui est masculin singulier. Exemples: *Il est survenu de grands événements; il s'est fait une tempête; les chaleurs qu'il a fait ; la disette qu'il y a eu,* etc.

D. Le participe passé entre *que* relatif et *que* conjonction, est-il variable?

R. Ce participe est invariable, puisque, dans ce cas, le *que* relatif est le régime direct du verbe qui suit la conjonction. Exemple : *La leçon que vous avez voulu que j'étudiasse.* Vous avez voulu que j'étudiasse, quoi? *Réponse :* La leçon.

D. Le participe passé qui a pour régime direct *le*, représentant un membre de phrase, prend-il l'accord?

R. Ce participe est invariable, puisque *le* équivaut *à cela* qui est du masculin et du singulier. Exemple : *Cette phrase n'est pas aussi claire que je l'avais cru.*

D. Que remarque-t-on sur le participe *fait*, suivi d'un infinitif?

R. Que ce participe est toujours invariable, attendu que pour le sens il ne forme qu'un seul verbe avec cet infinitif; par conséquent, c'est aux deux verbes réunis qu'appartient le régime direct. Exemple : *Les manuscrits que j'ai fait copier à cet enfant lui serviront beaucoup.* J'ai fait copier, quoi? *Réponse :* Les manuscrits, et non : *J'ai fait les manuscrits copier.*

D. Qu'arrive-t-il lorsque dans les verbes actifs, il y a une préposition entre le participe et l'infinitif qui le suit?

R. Que le régime direct peut, comme dans la règle précédente, appartenir au participe ou à l'infinitif ; et, pour s'en assurer, il n'y a qu'à faire la même question. Exemple : *Les règles que j'ai commencé d'expliquer.* Le relatif *que*, dans cette phrase, est régime de l'infinitif, et non du participe : car on ne peut pas dire : *J'ai commencé les règles d'expliquer,* etc. *Les livres que je vous ai donnés à lire.* Ce participe *donnés* est variable, attendu qu'on peut mettre immédiatement le régime après le participe. Exemple : *Je vous ai donné des livres à lire.*

D. Si le participe est précédé de deux régimes directs, qu'arrivera-t-il ?

R. Qu'il y aura toujours accord. Exemple : *Les conseils qu'il nous a priés de lui donner.* Dans ce cas, le régime direct énoncé le premier est régime de l'infinitif. et le second est régime du participe. Dans l'exemple ci-dessus, *que*, pronom relatif, est régime de l'infinitif *donner*, et *nous* est régime du participe *priés*.

D. Que dit-on du participe passé précédé du mot *peu* ?

R. Que ce participe est variable ou invariable, selon le sens que l'on attache au mot *peu*. Par exemple, si le mot *peu* signifie une petite quantité, le participe est variable avec le substantif qui suit le mot *peu*. Exemple : *Le peu d'application que vous avez mise à cette leçon, a suffi pour vous faire comprendre la règle.* Mais si le mot *peu* signifie le manque, le participe est invariable comme dans cet exemple : *Le peu d'attention que vous avez apporté à vos devoirs scolaires vous a tout à fait nui.* On voit que le mot *peu* signifie la petite quantité; on peut le retrancher sans nuire en rien au sens de la phrase; tandis que quand il signifie le manque, il ne peut être supprimé sans en détruire entièrement le sens. Dans le premier exemple ci-dessus, on peut dire : *L'application que vous avez mise,* etc. Mais on ne peut pas dire dans le second : *L'attention que vous avez apportée à vos devoirs scolaires vous a tout à fait nui,* attendu que l'attention ne nuit pas.

D. Qu'observe-t-on sur le participe passé, accompagné du verbe auxiliaire *avoir,* précédé du pronom *en?*

R. Que ce participe n'est jamais variable avec le mot *en,* attendu que ce pronom est constamment considéré comme régime indirect, et qu'il ne peut jamais influer sur le participe. Exemples : *Turenne a gagné plus de batailles que les autres n'en ont livré,* etc.; *j'attendais quelques lettres, et j'en ai reçu.* Mais dans cette phrase : *J'ai parlé à votre sœur, les nouvelles que j'en ai eues étaient agréables,* le participe, dans ce cas, varie, attendu que le participe se rapporte au mot *que,* pui précède le pronom.

D. Que remarque-t-on sur le participe *coûté?*

R. Que ce participe, employé dans le sens actif, est variable, tandis que, dans le sens neutre, il est toujours invariable. Exemple : *Cette terre ne vaut pas les quatre mille francs qu'elle a coûté* (qu'elle a été achetée), sens neutre. *Vous n'oubliez pas les peines que vous m'avez coûtées* (sens actif, c'est-à-dire exigées*).*

D. Que remarque-t-on sur le participe *valu?*

R. Que ce participe suit la même règle que le participe *coûté.* Il est neutre quand il signifie être d'un certain prix. Exemple : *Cette terre a coûté dix mille écus ; elle ne les a jamais valu ;* c'est-à-dire, elle n'a jamais été de ce prix. Il est actif quand il signifie procurer, rapporter. Exemple: *Les récompenses que m'a values, que m'a procurées mon instruction.*

CHAPITRE VII.

DE LA PRÉPOSITION.

D. Qu'est-ce que la préposition ?

R. La préposition est un mot invariable, qui

sert à exprimer les divers rapports que les objets ont entre eux.

D. Pourquoi appelle-t-on ce mot préposition?

R. Parce qu'elle se met avant le mot qu'elle régit.

D. Y a-t-il plusieurs sortes de prépositions?

R. Oui : il y en a de sept sortes, savoir : 1° celles qui marquent la place ou le lieu : *à, après, dans, en, de, chez, devant, derrière, parmi, sous, sur, vers, auprès, autour,* etc.; 2° celles qui, marquent l'ordre : *avant, entre, dès, depuis,* etc.; 3° celles qui marquent l'union : *avec, pendant, durant, outre, selon, suivant,* etc.; 4° celles qui marquent la séparation : *sans, hors, excepté,* etc.; 5° celles qui marquent opposition : *contre malgré, monobstant,* etc.; 6° celles qui marquent le but : *envers, touchant, pour,* etc.; 7° celles qui marquent la cause ou le moyen : *par, moyennant, attendu,* etc.

CHAPITRE VIII.

DE L'ADVERBE.

D. Qu'est-ce que l'adverbe?

R. C'est un mot invariable qui se joint en général à un verbe, à un adjectif, ou à un autre adverbe pour en exprimer quelques modifications.

D. Pourquoi appelle t-on ce mot adverbe?

R. Parce qu'il se place le plus souvent près du verbe pour le modifier.

D. Distingue-t-on plusieurs sortes d'adverbes?

R. Oui, on en distingue de plusieurs sortes : 1° les adverbes de manière : *poliment, sagement, vraiment*, etc.; 2° les adverbes d'ordre : *premièrement, secondement, d'abord, ensuite*, etc.; 3° les adverbes de lieu : *où, ici, là, de là, de çà, au-delà, dessus, partout, auprès, loin, dedans, dehors, ailleurs*, etc.; 4° les adverbes de temps : *hier, autrefois, bientôt, souvent, toujours, jamais*, etc.; 5° les adverbes de quantité : *beaucoup, peu, assez, trop, tant*, etc.; 6° les adverbes de comparaison : *plus, moins, aussi, autant*, etc.

D. N'arrive-t-il pas que des adjectifs soient employés pour des adverbes?

R. Cela arrive pour tout adjectif qui modifie le verbe : *Parler bas, courir vite, voir clair, frapper fort, rester court, sentir bon*, etc., etc.

CHAPITRE IX.

DE LA CONJONCTION.

D. Qu'est-ce que la conjonction?

R. La conjonction est un mot invariable qui sert à lier deux phrases ensemble. Les conjonctions sont simples ou composées; simples, si elles ne sont formées que d'un seul mot; comme : *et, ni, aussi, que,* etc.; composées, si elles sont formées de plusieurs mots, comme : *de même que, de plus, outre que,* etc.

D. Y a-t-il plusieurs sortes de conjonctions?

R. Il y en a de onze sortes; telles sont : 1° celles qui marquent la liaison : *et, ni, aussi, que,* etc.; 2° celles qui marquent l'opposition : *mais, cependant, néanmoins, pourtant,* etc.; 3° celles qui marquent la division : *mais, cependant, néanmoins, pourtant,* etc., 3° celles qui marquent la division : *ou, ou bien soit,* etc.; 4° celles qui marquent exception : *sinon, quoique,* etc.; 50 celles qui servent à comparer, comme : *de même que, ainsi que,* etc.; 6° celles qui ajoutent : *de plus, d'ailleurs, outre que, encore,* etc.; 7o celles qui marquent la raison : *car, parce que, puisque, vu que,* etc.; 8° celles qui marquent l'intention : *afin que, de peur que,* etc.: 9o celles qui marquent le temps : *quand, lorsque, dès que, comme, tandis que,* etc.; 10° celles qui marquent la conclusion, *or, ainsi, de sorte que,* etc.; 11° celles qui marquent le doute : *si, supposé que, pourvu que, au cas que,* etc.

CHAPITRE X.

DE L'INTERJECTION.

D. Qu'est-ce que l'interjection?

R. C'est un mot invariable qui sert à exprimer un sentiment vif et subit de l'âme, comme la joie, la douleur, la surprise, l'admiration, etc. C'est un cri naturel ; mais ce cri remplace une proposition entière.

D. Y a-t-il plusieurs sortes d'interjections?

R. Il y a des interjections pour exprimer les diverses passions ; telles sont : *Ah ! bon !* (pour exprimer la joie.)

Ah ! que vous me faites plaisir !

Aie! hélas! ah! (pour exprimer la douleur.)
Hélas! ayez pitié de moi !

Ha ! hé ! (pour exprimer la crainte.)
Ha! que cela n'arrive pas!

Fi ! fi donc ! (pour exprimer l'aversion.)
Fi de la bonne chère, lorsqu'il y a de la gêne !

Ha ! ho ! (pour exprimer la surprise.)
Ha ! vous voilà ! ho ! que vous êtes aimable !

Oh ! oh ! (pour exprimer l'admiration.)
Oh! que la nature est belle au printemps !

Ça ! allons ! ceurage ! (pour encourager.)

Ça ! étudions ! courage, mes enfants !

Gare ! holà ! hé ! hem ! (pour appeler ou avertir.)

Holà ! hé ! venez ici !

Chut ! paix ! (pour imposer silence.) *Chut ! taisez-vous !*

Hé bien ? (pour interroger.) *Hé bien ! que me direz-vous ?*

CHAPITRE XI.

PETIT TRAITÉ D'ANALYSE GRAMMATICALE.

D. Qu'entend-on par phrase?

R. On appelle ainsi l'assemblage de plusieurs mots qui concourent plus ou moins à exprimer le développement d'une pensée, et qui font un sens suivi. Exemple : *L'homme qui est constant dans ses principes, mérite l'estime des honnêtes gens.*

D. Qu'appelle-t-on proposition?

R. On appelle proposition, l'énonciation d'un jugement ou d'une pensée, comme dans *Dieu est juste*, etc.

EXEMPLES D'ANALYSE GRAMMATICALE.

Le mensonge est un vice.

Le, article masculin singulier, déterminant *mensonge.*

Mensonge, substantif commun masculin singulier, sujet de *est.*

Est, verbe substantif, au présent de l'indicatif, troisième personne du singulier, quatrième conjugaison ; son infinitif est : *être.*

Un, adjectif de nombre cardinal, masculin singulier, déterminant *vice.*

Vice, substantif commun masculin singulier, attribut de *mensonge.*

Les savants et les artistes sont estimés et recherchés.

Les, article masculin pluriel, déterminant *savants.*

Savants, adjectif, pris substantivement, masculin pluriel, sujet de *sont estimés et recherchés.*

Et, conjonction copulative, pour marquer l'union, unissant les deux phrases *les savants et les artistes,* etc.

Les, article masculin pluriel, déterminant *artistes.*

Artistes, adjectif, pris substantivement, masculin pluriel, sujet de *sont estimés et recherchés.*

Sont estimés, verbe passif, au présent de l'indicatif, troisième personne du pluriel, unique conjugaison ; son infinitif est : *être estimé.*

Ce participe *estimés* est variable, parce qu'il est accompagné du verbe auxiliaire *être,* et qu'il s'accorde avec son sujet, qui est *les savants et les artistes.*

Et, conjonction copulative, pour marquer l'union, unissant les deux membres de phrase : *sont estimés et sont recherchés.*

Sont recherchés, verbe passif, au présent de l'indicatif, troisième personne du pluriel, unique conjugaison ; son infinitif est : *être recherché.*

Les grands besoins viennent des grands biens ; ils rendent la richesse égale à la pauvreté.

Les, article masculin pluriel, déterminant *besoins.*

Grands, adjectif qualificatif masculin pluriel, qualifiant *besoins.*

Besoins, substantif commun masculin pluriel, sujet de *viennent.*

Viennent, verbe neutre, au présent de l'indicatif, troisième personne du pluriel, deuxième conjugaison ; son infinitif est : *venir.*

Des, article contracté, mis pour *de les. De,* préposition, pour marquer la place ou le lieu, marquant le rapport qu'il y a entre *biens* et *viennent.*

Les, article masculin pluriel, déterminant *biens. Grands,* adjectif qualificatif, au positif, masculin pluriel, qualifiant *biens.*

Biens, substantif commun masculin pluriel, régime direct de la préposition *de*, dans l'article composé *des*, et des *grands biens*, régime indirect de *viennent*.

Ils, pronom personnel, troisième personne du masculin pluriel, sujet de *rendent*.

Rendent, verbe actif, au présent de l'indicatif, troisième personne du pluriel. quatrième conjugaison ; son infinitif est : *rendre*.

La, article féminin singulier, déterminant *richesse*.

Richesse, substantif commun féminin singulier, régime direct de *rendent*.

Égale, adjectif qualificatif, au positif, féminin singulier, qualifiant *richesse*.

A, préposition, pour marquer la place ou le lieu, marquant le rapport qu'il y a entre *richesse* et *pauvreté*.

La, article féminin singulier, déterminant *pauvreté*.

Pauvreté, substantif commun féminin singulier, régime direct de la préposition *à*, et *à la pauvreté*, régime indirect de *égale*.

La gloire qui vient de la vertu a un éclat immortel.

La, article féminin singulier, déterminant *gloire*.

Gloire, substantif commun féminin singulier, sujet de *a*.

Qui, pronom relatif, troisième personne du féminin singulier, ayant pour antécédent *gloire*, et sujet de *vient*.

Vient, verbe neutre, au présent de l'indicatif, troisième personne du singulier, deuxième conjugaison ; son infinitif est : *venir*.

De, préposition, pour marquer la place ou le lieu, marquant le rapport qu'il y a entre *vient* et *vertu*.

La article féminin singulier, détermine *vertu*.

Vertu, substantif commun féminin singulier, régime direct de la préposition *de*, et de *la vertu*, régime indirect de *vient*.

A, verbe actif, au présent de l'indicatif, troisième personne du singulier, troisième conjugaison ; son infinitif est : *avoir*.

Un, adjectif de nombre cardinal, masculin singulier, déterminant *éclat*.

Éclat, substantif commun, masculin singulier, régime direct de *a*.

Immortel, adjectif qualificatif masculin singulier, qualifiant *éclat*.

Les philosophes, qui sont plus instruits que le commun des hommes, devraient aussi les surpasser en sagesse.

Les, article masculin pluriel, déterminant *philosophes*.

Philosophes, substantif commun masculin pluriel, sujet de *devraient*.

Qui, pronom relatif, troisième personne du masculin pluriel, ayant pour antécédent *philosophes*, et sujet de *sont instruits*.

Sont instruits, verbe passif, au présent de l'indicatif, troisième personne du pluriel, quatrième conjugaison ; son infinitif est : *être instruits*.

Plus, adverbe de comparaison, modifiant *instruits*.

Que, conjonction copulative, pour marquer l'union, unissant les deux membres de phrase, *sont plus instruits* et *le commun des*, etc.

Le, article masculin singulier, déterminant *commun*.

Commun, adjectif, pris substantivement, masculin singulier, sujet de *est instruit*, sous-entendu.

Des, article contracté, mis pour *de les*. *De*, préposition, pour marquer la place ou le lieu, marquant le rapport qu'il y a entre *homme* et *commun*.

Les, article masculin pluriel, déterminant *hommes*.

Hommes, substantif commun, masculin pluriel, régime direct de la préposition *de*, dans l'article composé *des*, et *des hommes*, régime indirect de *commun*.

Devraient, verbe actif, au conditionnel présent, troisième personne du pluriel, troisième conjugaison ; son infinitif est : *devoir*.

Aussi, adverbe, modifiant *devraient*.

Les, pronom personnel, troisième personne du masculin pluriel, régime direct de *surpasser*.

Surpasser, verbe actif, au présent de l'infinitif, première conjugaison.

En, préposition, pour marquer la place ou le lieu, marquant le rapport qu'il y a entre *surpasser* et *sagesse*.

Sagesse, substantif commun féminin singulier, régime direct de la préposition *en*, et, *en sagesse*, régime indirect de *surpasser*.

La base de toutes les vertus, c'est la religion.

La, article féminin singulier, déterminant *base*.

Base, substantif commun féminin singulier, attribut du sujet (*religion*).

De, préposition, pour marquer la place ou le lieu, marquant le rapport qu'il y a entre *base* et *vertus*.

Toutes, adjectif indéfini féminin pluriel, déterminant *vertus*.

Les, article féminin pluriel, déterminant *vertus*.

Vertus, substantif commun féminin pluriel, régime direct de la préposition *de*, et, *de toutes les vertus*, régime indirect de *base*.

C' (apostrophe), pour *ce*, pronom démonstratif masculin singulier, sujet de *est*, répété par pléonasme.

Est, verbe substantif, au présent de l'indicatif, troisième personne du singulier, quatrième conjugaison ; son infinitif est : *Être*.

La, article féminin singulier, déterminant *religion*.

Religion, substantif commun féminin singulier, sujet de *est*, mis après le verbe par inversion.

Oh ! combien est malheureux l'homme qui n'espère plus en Dieu !

Oh! interjection, pour exprimer l'affirmation.

Combien, adverbe de quantité, modifiant *malheureux*.

Est, verbe substantif, au présent de l'indicatif, troisième personne du singulier, quatrième conjugaison ; son infinitif est : *Être*.

Malheureux, adjectif qualificatif masculin singulier, qualifiant *homme*.

L' (apostrophe), mis pour *le*, article masculin singulier, déterminant *homme*.

Homme, substantif commun masculin singulier, sujet de *est*, mis après le verbe par inversion.

Qui, pronom relatif, troisième personne du masculin singulier, ayant pour antécédent *homme*, et sujet de *espère*.

N' (apostrophe), mis pour *ne*, adverbe de négation, modifiant *espère*.

Espère, verbe actif, pris neutralement (1), au présent de l'indicatif, troisième personne du singulier, première conjugaison; son infinitif est : *espérer*.

Plus, adverbe, modifiant *espère*.

En, préposition, pour marquer la place ou le lieu, marquant le rapport qu'il y a entre *espère* et *Dieu*.

Dieu, substantif propre masculin singulier, régime direct de la préposition *en*, et *en Dieu*, régime indirect de *espère*.

CHAPITRE XII.

PHRASES USUELLES.

D. Qu'entend-on par cacologie?

(1) Un verbe actif est pris neutralement quand son régime direct n'est point exprimé.

R. Ce mot, qui signifie littéralement *mauvais langage*, s'entend de toute expression inusitée ou impropre, de tout assemblage de mots contraire aux règles de la grammaire ; tels sont les barbarismes et les solécismes.

D. Qu'appelle-t-on barbarisme ?

R. Un mot que l'usage n'a pas consacré, et qui, pour cette raison, ne se trouve pas dans nos dictionnaires, comme *airé* pour *aéré*, etc.

D. Qu'est-ce qu'un solécisme ?

R. Une faute contre la syntaxe, comme *il est prêt de vous écouter*, pour *il est prêt à vous écouter; je m'en rappelle, pour je me le rappelle.*

Pour éviter les fautes de ce genre qui se produisent le plus souvent, dites :

Le cheval de mon père.

Cet enfant a éculé ses souliers.

Il a bien, il a mal agi avec moi.

J'allai le voir, il alla le trouver.

Je m'en suis allé, il s'en est allé.

Faites du feu.

Un chat angora.

La clé est à la porte.

Une armoire d'acajou.

Le vin est fait pour être bu.

J'ai bossué mon gobelet.

J'ai ressenti les cahots de cette voiture.

Un centime.

Cette maison-ci, cet homme-ci.

J'ai acheté.

Vous me couvrez de confusion.

C'est un bel âge.

Cet homme a de la corpulence.

Il l'a accablé d'injures.

Je connais les êtres de cette maison.

Un édredon.

Cette femme a l'air bon (et non *bonne*, attendu que l'air est du genre masculin. C'est comme s'il y avait : Cette femme a un air bon).

Cette maison est bien aérée.

Il a contremandé la marchandise.

Cette étoffe se déteint.

J'ai enjambé ce ruisseau.

J'en viens.

Je dois aller dans plusieurs endroits.

Le temps est beau aujourd'hui.

Combien la cassonade se vend–elle?

Colophane.

Casserolle.

Corridor.

J'ai donné le denier à Dieu.

Pain à chanter.

J'ai une écharde au doigt.

On l'a fait mourir.

Combien en **as-tu?**

Cela arrive comme marée en carême.

La rue Saint-Martin est bien fréquentée.

Malgré cela.

On fait savoir.

Frangipane,

Ouvrez le vasistas.

Comment vous portez-vous?

Un hanneton.

On me demande.

Arc de triomphe.

Prendre quelqu'un à bras-le-corps.

Il ne cesse de parler.

Aller à cloche-pied.

Heurter, battre quelqu'un.

Quel est le quantième du mois ?

Il est aussi grand que moi.

Une somme considérable.

Je vous fais mes excuses.

Il est caché sous la table.

J'épargne une peine à mon père.

Vous vous êtes levé de trop bonne heure.

Cette jeune personne.

On l'a condamné à la peine de mort.

Je vous fais observer que le fait est vrai.

Il y a longtemps que je ne vous ai vu.

Quelle heure est-il?

Je vous demande pardon.

Je me rappelle votre promesse, je me la rappelle.

On ne l'aime point à cause de sa méchanceté.

J'ai réglé ma montre sur l'horloge de la ville.

Plus on lui donne, moins il est content.

Quant à cela, quant à moi.

Voyons, regardons.

Les liteaux d'une nappe.

Un potiron.

Vin frelaté.

L'idée lui est venue de faire un voyage.

Un grand incendie.

Comme il est juste.

Mon ouvrage est fait.

Mon paraphe.

Tant pis.

Un jour ouvrable.

Cet homme est pulmonique.

Taie d'oreiller.

Cette terre me rapporte assez pour me faire vivre.

Antipode.

Août prononcez *ou* et non *a ou*.

Pointer le canon.

C'est un appreni.

Fil d'archal.

Les ergots d'un chien, d'un coq.

Ce monsieur est bilieux.

Il fait l'école buissonnière,

Un balai de bouleau.

Une bouilloire.

Il bruine, s'il tombe du brouillard.

J'ai atteint mon but.

Ces salsifis sont délicieux.

Changez de linge.

Cet homme est colère, cette femme est colère.

Sucrez votre café.

Il colorie.

Il est en contravention.

La scorsonère est excellente.

J'aurai cela, quoi qu'il en coûte, quoi qu'il coûte.

Acheter, vendre à bon marché.

Il est à lire.

Etre assis, passer près de quelqu'un, à côté de quelqu'un.

Apparition.

Aussitôt après son départ.

Bayer aux corneilles.

Hourvari.

Cet objet est fragile, cassant.

Voix de Stentor.

Chipotier, chipotière.

Le corbeau croasse, la grenouille coasse.

Cacophonie.

De crainte qu'il ne vienne.

Cet homme encrasse ses habits.

C'est une poire de crassane.

C'est un éhonté.

C'est une disparition.

J'ai voulu le dissuader.

Je ne puis le dégrafer.

J'ai acheté une belle dinde.

C'est une personne bien élevée.

C'est de l'élixir.

Donner l'embouchoir des bottes.

Il se sont enfuis.

Je désire, outre cela.

C'est une demoiselle bien instruite.

Mon frère a un érysipèle.

Il a une esquinancie.

C'est un homme très farceur, très plaisant.

Cet homme est riche.

Gâter quelque chose.

Cette dame est une vraie géante.

J'ai du géranium.

J'ai jeté le gésier.

Ce n'est pas joli de railler le monde.

Ce chien est de bon guet.

Des jonchets.

J'ai, dans ce moment-ci.

Cet homme ne mérite pas d'être estimé.

Il a une mauvaise réputation, une mauvaise santé.

C'est une pierre de liais.

Ce linceul.

Il a lu dans un journal, dans un registre.

Il fut forcé d'y consentir.

Il est d'une humeur insupportable.

Il a beaucoup de matériaux.

Il a fait cela par mégarde.

C'est un malentendu.

Il est midi précis.

C'est vers le midi.

Il a un air tout à fait misérable.

Il arrivera sur le minuit.

J'ai acheté des poires de Messire-Jean.

J'ai beaucoup d'ouate.

Il y a eu un ouragan.

Il est palefrenier.

Il a fait son panégyrique.

Il joue la pantomime.

Il a fait une chose en perfection.

J'en veux un peu.

Cette personne est percluse.

Il va pis.

C'est une pleurésie.

Cet homme est très pointilleux.

Je veux aiguiser mon canif.

C'est un homme rancunier, c'est une femme rancunière.

Au rebours, à rebours.

Il a recouvré sa santé, sa fortune, la vue.

Il faut émoudre mon couteau.

Cet enfant est renforcé.

Cet enfant est répréhensible.

Où demeurez-vous?

Rétablir l'ordre.

J'ai ma revanche.

Il est sens dessus dessous.

Donnez la soucoupe.

C'est une bonne semoule.

C'est son sobriquet.

Saupoudrer.

Faites en sorte que je sois satisfait.

C'est vexant, contrariant.

Transvaser.

Son triage est fait.

Il a perdu la tramontane.

Trier.

Thésauriser.

J'ai extrêmement faim, froid, soif, etc.

Une fois pour toutes.

Il lui a posé un vésicatoire.

Il a fait la vole.

Ses fibres sont fort délicates. Fibre, substantif féminin.

Ce fainéant, cette fainéante.

Monsieur lui a flaqué un verre d'eau à la figure. On dit *flanquer* un soufflet.

Il y a dans ce jardin un jet d'eau.

Il mène son chien en laisse.

Lavez, je vous prie, l'évier de la cuisine.

Son papa vient le voir de loin à loin.

Ce chat miaule.

Il a acheté du mouron.

Je me mouche.

Il a un organe excellent.

Il faut bien orthographier.

Apportez-moi le poudrier, pour que je mette de la poudre sur mon écriture.

Achevez votre histoire.

Saigner du nez.

D. Peut-on employer indistinctement *matineux* pour *matinal*?

R. Non; attendu que *matineux* s'emploie pour qualifier quelqu'un qui a l'habitude de se lever de bon matin, de bonne heure; tandis que *matinal* ne s'emploie que pour qualifier celui qui se lève une fois par hasard de bon matin.

D. Quelle différence établit-on entre *vénéneux* et *venimeux?*

R. C'est que *vénéneux* ne s'emploie que pour désigner le venin des plantes et des substances du règne végétal; tandis que *venimeux* ne s'emploie que pour désigner le venin des animaux. Exemples de l'un et de l'autre cas : *Une plante vénéneuse; le suc de la ciguë est vénéneux; le scorpion est venimeux; la vipère est venimeuse.* On dira aussi que les herbes sur lesquelles le crapaud et la chenille ont passé sont venimeuses.

D. Quelle différence y a-t-il entre la préposition *près* et l'adjectif *proche?*

R. C'est que *près* marque proximité de temps ou de lieu, comme : *près de midi, près de Paris;* tandis que *proche* signifie être voisin, toucher à. Exemple : *Les maisons proches des rivières sont sujettes aux inondations.*

D. Quelle différence met-on entre *pécher* et *pêcher?*

R. C'est que *pécher*, avec un accent aigu, signifie commettre des fautes ; tandis que *pêcher*, avec un accent circonflexe, signifie prendre du poisson.

D. Quelle différence met-on entre *dégouttant* et *dégoûtant?*

R. C'est que *dégouttant* avec deux *tt* s'emploie pour dire que le linge est mouillé, n'est pas sec; tandis que *dégoûtant* avec un *t* s'emploie pour désigner une chose sale, malpropre.

D. Quelle différence établit-on entre *il arrivera en trois jours* et *il arrivera dans trois jours?*

R. C'est que *il arrivera en trois jours* signifie qu'il sera trois jours en marche, en chemin ; tandis que *il arrivera dans trois jours* signifie qu'il tardera trois jours à arriver. Dans le premier cas, on fixe le temps qu'on sera en route, tandis que dans le second on fixe l'arrivée.

D. Quelle différence met-on entre *aider à quelqu'un* et *aider quelqu'un ?*

R. C'est que *aider à quelqu'un,* c'est aider une personne chargée, comme : *Il faut aider un peu à ce pauvre homme* ; tandis que *aider quelqu'un,* c'est le secourir, l'aider de ses biens, de sa fortune : *Il faut aider les malheureux de ses richesses, de sa fortune.*

D. Quelle différence y a-t-il entre *anoblir* et *ennoblir ?*

R. C'est que *anoblir,* c'est rendre noble quelqu'un de roturier qu'il est ; tandis que *ennoblir,* c'est rendre plus noble, plus illustre, plus grand : *Les vertus ennoblissent l'homme, l'élèvent.*

D. Que dit-on sur *cerf,* animal, et sur *serf,* esclave ?

R. Que le *f* dans *cerf,* animal, est tout à fait nul ; tandis qu'il se fait sentir dans *serf,* esclave.

D. Quelle différence met-on entre *consumer* et *consommer ?*

R. *Consumer* c'est détruire l'objet ; tandis que *consommer,* c'est achever le sujet en le mettant dans sa dernière perfection et dans son accomplissement entier.

D. Quelle différence met-on entre *fonds* et *fond ?*

R. C'est que *fond* terminé par un *d* signifie le bas d'une chose, comme : *C'est une mer sans* *fond*, etc.; tandis que *fonds* terminé par un *s* signifie le sol d'une terre, une somme d'argent, etc., comme : *Il cultive son fonds ; il a un fonds de cent mille francs.*

D. Quelle différence met-on entre *suppléer quelque chose* et *suppléer à quelque chose ?*

R. *Suppléer quelque chose,* c'est remplacer ce qui manque en fournissant une chose de la même nature, comme : *Ce sac doit être de deux mille francs; s'il y a deux cent mille francs de moins, je les suppléerai ;* tandis que *suppléer à quelque chose,* c'est tenir lieu, en fournissant l'équivalent : *Le courage supplée au nombre,* etc.

D. Doit-on dire : *Suppléer quelqu'un* ou *suppléer à quelqu'un?*

L. On dit *suppléer quelqu'un* et jamais *suppléer à quelqu'un.*

D. Quelle différence y a-t-il entre *succomber sous* et *succomber à ?*

R. C'est que *succomber sous,* signifie *ployer sous,* comme sous les coups, sous le poids; tandis que *succomber à,* c'est se laisser aller à la tentation au mal, etc.

D Quelle différence met-on entre *servir à rien* et *servir de rien ?*

R. *Sservir à rien* marque une nullité momentanée de service, comme : *Il a des talents qui ne lui servent à rien maintenant ;* tandis que *servir* *de rien* exprime une nullité absolue de service, comme : *Tout murmure contre les décrets de la Providence ne sert de rien.*

D. Que dit-on sur *rien ?*

R. Que *rien*, dans le sens de quelque chose, s'emploie sans négation, comme : *Y a-t-il rien de plus rare qu'un demi savant modeste ?* tandis que *rien*, signifiant nulle chose, veut la négation, comme : *Remords, crainte, péril, menace, rien ne m'a retenu.*

D. Quelle différence met-on entre *réunir* et *unir ?*

R. C'est que *réunir*, signifiant posséder en même temps, veut *et*, comme : *Réunir le mérite et la modestie ;* tandis que *unir* veut *à*, comme : *Unir le mérite à la modestie,* etc.

D. Quelle différence y a-t-il entre *retrancher de* et *retrancher à ?*

R. C'est que *retrancher de*, c'est ôter quelque chose d'un tout ; comme : *Retrancher un couplet d'un cantique ;* tandis que *retrancher à*, signifie priver quelqu'un de quelque chose, comme : *Retrancher le vin à un malade,* etc.

CHAPITRE XIV.

DE LA PONCTUATION.

R. Qu'est-ce que la ponctuation ?

R. La ponctuation consiste à placer à propos dans l'écriture, des signes reçus, adoptés, destinés à marquer les endroits où l'on doit s'arrêter, plus ou moins, et en même temps elle fait connaître positivement le sens du discours.

D. Quels signes emploie-t-on pour la ponctuation ?

R. On emploie la virgule (,), le point et la virgule (;), les deux points (:), le point (.), le point d'interrogation (?), et le point d'exclamation (!).

D. De quel usage est la virgule ?

R. Elle sert à marquer une très petite pause; elle se place 1° entre les substantifs, les adjectifs; les verbes et les adverbes qui se suivent. Exemples : *la santé, la fortune ; la richesse, la pauvreté, etc.; boire, manger, dormir, jouer, c'est l'occupation des fainéants. L'homme ignorant est hardi, effronté, souple, etc. Pour devenir savant, il faut étudier constamment, méthodiquement, avec goût et avec application.*

2° On emploie encore la virgule pour distinguer les différentes parties d'une phase. Exemples : *Le travail rend l'homme savant, la réflexion le rend sage. Les bons et les méchants poursuivent également le bonheur, les premiers seuls l'atteignent.*

3° On emploie aussi la virgule avant et après un mot, ou une réunion de mots, que l'on peut supprimer sans détruire le sens de la phrase. Exemple : *Celui qui néglige d'apprendre, dit le vrai philosophe, tombera dans une faute grave. L'orgueil, loin d'élever l'âme, la rabaisse à d'inconcevables petitesses.*

D. Quand emploie-t-on le point et virgule?

R. On l'emploie pour marquer une pause un peu plus longue que la virgule ; on le place entre deux phrases, dont l'une dépend de l'autre. Exemples : *Paul est aussi instruit que cet enfant ; mais il est moins sage. L'homme est sur cette terre pour y connaître Dieu ; mais malheureusement, il s'écarte trop souvent de ce principe.*

D. Quand emploie-t-on les deux points ?

R. Les deux points s'emploient : 1° après un membre de phrase qui annonce une citation. Exemples : *Dieu dit : Faisons l'homme à notre image. Un célèbre moraliste dit : Le bonheur n'est que dans l'innocence.*

2° On les emploie aussi à la fin d'une phrase suivie d'une autre qui sert à la développer ou à l'éclaircir : Exemples : *Les ressources de la vertu sont infinies : plus l'homme en fait usage, plus elles se multiplient. L'ignorance et la folie croient tout savoir ; l'une et l'autre sont orgueilleuses : le véritable mérite seul est modeste. Bannissez les médisants : présents, ils vous amusent ; absents, ils s'amusent de vous.*

D. Quand emploie-t-on le point ?

R. On emploie le point à la fin d'une phrase dont le sens est complet. Exemples : *On peut juger du peu de cas que Dieu fait des richesses par leur distribution. La plus belle parure d'une femme est, sans contredit, la vertu. Gardez-vous d'égaler la richesse au mérite, le bel esprit à la raison. La modestie et la candeur font le plus bel ornement d'une femme.*

D. Quand emploie-t-on le point d'interrogation ?

R. On l'emploie à la fin d'une phrase où l'on interroge. Exemples : *S'il est naturel à l'homme d'être vivement touché des choses rares, pourquoi l'est-il si peu de la vertu ? Quel spectacle est préférable à celui des heureux qu'on a faits ? Où est l'homme, où est le sage qui sait agir, souffrir, et mourir sans ostentation ?*

D. Quand emploie-t-on le point d'exclamation ?

R. A la fin d'une phrase qui exprime la surprise, l'admiration, la terreur, ou toute autre émotion : Exemples : *Ah ! comment s'est éclipsée tant de gloire !... Comment se sont anéantis tant de travaux !... Ainsi donc périssent les ouvrages des hommes !... Ainsi s'évanouissent les empires et les nations !.. Ah ! ce qui paraît grand aux mortels éblouis, est bien petit aux yeux du sage.*

TABLE.

———

Avertissement. 5

Introduction. 7

Chapitre I. — Du Substantif. 11

— II. — De l'article. 15

— III. — De l'Adjectif. 18

— IV. — Du Pronom. 26

— V. — Du Verbe. 29

Modèle des diverses conjugaisons. 36

Temps primitifs. 64

Chapitre VI. — Du Participe. 72

— VII. — De la Préposition. 80

— VIII. — De l'Adverbe. 81

— IX. — De la Conjonction. 82

— X. — De l'Interjection. 84

— XI. — Petit traité d'Analyse grammaticale. 85

— XII. Phrases usuelles. 85

— XIII. De la Ponctuation. 106

FIN DE LA TABLE.

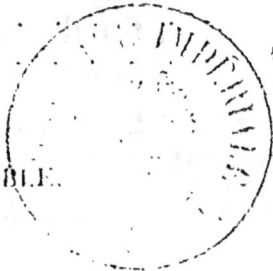

Paris. — Imprimerie de Moquet, rue de la Harpe, 92.

www.ingramcontent.com/pod-product-compliance
Lightning Source LLC
Chambersburg PA
CBHW052044270326
41931CB00012B/2628